SUZANNE ZUERCHER

Spirituelle Begleitung

SUZANNE ZUERCHER

Spirituelle Begleitung

Das Enneagramm in Seelsorge, Beratung und Therapie

Aus dem Amerikanischen
übersetzt von
Tilmann Haberer

CLAUDIUS

Titel der amerikanischen Originalausgabe:
ENNEAGRAM COMPANIONS

2. Auflage 2017

www.claudius.de

Umschlaggestaltung: Mario Moths, Marl
Umschlagfoto: © mahey / Fotolia.com
Gesetzt aus der Palatino LT
Druck: Clausen & Bosse, Leck

ISBN 978-3-532-62442-5

Inhalt

Der Gefühlstyp

Vorwort zur deutschen Ausgabe

Dieses Buch handelt davon, wie das Enneagramm als Hilfsmittel in der geistlichen Begleitung, der Seelsorge, Beratung und Therapie eingesetzt werden kann. Grundlegende Kenntnis des Enneagramms, wie sie bei Richard Rohr/Andreas Ebert, Helen Palmer oder Richard Riso dargestellt ist, wird vorausgesetzt. Suzanne Zuercher, die Autorin dieses Buches, folgt über weite Strecken der geläufigen Begrifflichkeit und der Einteilung der Muster und der Triaden. Bei der Charakterisierung der Triaden setzt sie allerdings eigene Akzente: Was bei Rohr/Ebert als Herz-, Kopf- und Bauchtriade beschrieben wird, wird in diesem Buch unter den Rubriken Tattypen, Kopftypen und Gefühlstypen gefasst. Das vorliegende Buch setzt also bei den Mustern ZWEI, DREI und VIER den Akzent nicht auf die Gefühle (wie das der Ausdruck „Herztypen" nahezulegen scheint) und auch weniger auf die Beziehungen, sondern auf die Bereitschaft zu Aktivität, zum Handeln, kurz: zur Tat. Die Bauchtypen ACHT, NEUN und EINS, denen in der geläufigen Enneagrammliteratur die mehr unbewusste, intuitive Bauchenergie zugeordnet wird, sieht Sr. Suzanne Zuercher als bestimmt von ihren Gefühlen, auch wenn diese normalerweise unbewusst sind. Das gilt im Übrigen für die Hauptfunktion jeder Triade: Der ZWEI, DREI und VIER bleibt verborgen, wie sehr sie auf Aktivität drängen; die FÜNF, SECHS und SIEBEN machen sich nicht bewusst, wie sehr sie „im Kopf", das heißt in der Wahrnehmung und im Verstand gefangen sind.[1]

1 Zur Dynamik der Triaden vgl. das 10. Kapitel (bes. S. 136-138).

Eine Bemerkung zur Terminologie: Im Deutschen gibt es keinen geläufigen Ausdruck, der die verschiedenen Formen der Begleitung, Seelsorge, Beratung oder Therapie adäquat zusammenfasst, wie das im Englischen mit dem Begriff *spiritual direction* möglich ist. Wir haben uns deshalb dafür entschieden, das Wort „(spirituelle) Begleitung“ zu verwenden; die Person, die diese Begleitung durchführt (im Englischen: *director,* wörtlich etwa Anleiter, Führer, aber auch Dirigent oder Regisseur) wird als „(spiritueller) Begleiter“ bezeichnet. Ein ähnliches Problem ergibt sich bei der Übersetzung der Bezeichnung für die begleitete Person. Es gibt kein deutsches Äquivalent für das englische *directee,* was wörtlich übersetzt bedeutet: *die Person, die angeleitet (begleitet usw.) wird.* Wir haben uns für die Übersetzung „Begleiteter“ entschieden. Die Leserinnen und Leser werden gebeten, bei diesem Wort immer die verschiedenen möglichen Bedeutungen wie *Patient(in), Klient(in), Gegenüber, Gemeindeglied, Ratsuchende(r)* oder *Hilfesuchende(r)* im Hinterkopf zu behalten.

Der Übersetzer

Einleitung

Unsere Aufgabe ist es, Fremdenführer zu sein,
Freund und Dolmetscher für Menschen,
die durch ihre private Hölle,
ihr ureigenes Fegefeuer gehen.

Rollo May, The Gry for Myth

Spirituelle Begleitung ist etwas für Menschen, die an sich arbeiten wollen. Auch wenn diese Aussage banal erscheint, ist sie dennoch nicht überflüssig. Menschen suchen aus verschiedenen Gründen nach spiritueller Begleitung. Die einen leben in einer Gemeinschaft, deren Regeln Begleitung verlangen oder nahelegen. Andere haben bei Bekannten erlebt, wie wohltuend solche Begleitung sein kann und welchen Gewinn sie bringt. So öffnen sie sich dieser Vorstellung, werden vielleicht sogar vertraut damit. Das heißt aber nicht, dass sie deswegen auch schon bereit sind, ihr Inneres zu verwandeln und sich dabei begleiten zu lassen. Sie sind nicht unbedingt schon Schüler bzw. Lernende. Vielleicht befinden sie sich auf einer Stufe, auf der spirituelle Begleitung möglich und notwendig ist, vielleicht nicht.

Manche Menschen begeben sich niemals ausdrücklich in Begleitung und arbeiten dennoch intensiv an sich. Diese Menschen sind lernbereit, sie lassen sich begleiten und anleiten, ganz gleich, ob sie das so bezeichnen würden oder nicht. Diese Menschen treffen ihren Guru oder ihre Seelenführerin an den unterschiedlichsten Orten: in einem Geschäft, im Büro, im Klassenzimmer, in der Küche oder im Schlafzimmer.

Der Geist spricht sie an, wo, wann und wie immer sich die Notwendigkeit ergibt.

Was ist ein spiritueller Begleiter?

Nur sehr wenige Menschen nehmen sich irgendwann vor: Ich werde spiritueller Begleiter. Es wäre sogar in gewisser Weise verdächtig, wenn das jemand täte. Es erschiene anmaßend, wenn ein Mensch sich selbst zum Führer auf dem gefahrvollen Weg der Bekehrung, der Umkehr und der Wandlung ernennen wollte. Auf die dunkle Nacht der Wahrheit, in der uns Ekel, Angst und Schrecken begegnen, lässt sich ein Mensch selten aus freien Stücken ein, sondern eher unter dem Drang der Notwendigkeit.

Wie wird ein Mensch also zum spirituellen Begleiter? Begleiter sind Menschen, die selbst unterwegs sind und ihren eigenen Weg suchen. Die Menschen in ihrem Umkreis bekommen das mit; sie beobachten, wie sie sich der harten Realität immer besser stellen können und mit der Zeit die kontemplative Haltung erlangen, die nach Gerald May in einem direkten, unverstellten Blick auf das besteht, was ist.

Begleiter sind Menschen, die sich mit den schwierigen Fragen herumschlagen und mit der Zeit immer besser der Versuchung widerstehen, sich mit vorschnellen Antworten zufriedenzugeben. Sie lernen zu akzeptieren, dass das menschliche Leben – ihr eigenes und das der anderen – ein Geheimnis ist und dass es etwas gibt, was man als Schicksal oder Vorsehung bezeichnen könnte.

Sie fühlen sich zu Hause in ihrem Körper mit seinen Stärken und seinen Grenzen. Sie setzen sich mit ihren eigenen Themen auseinander, anstatt sich in die anderer Menschen zu flüchten. Umgekehrt kommen sie anderen Menschen näher, gerade weil sie sich selbst in ihrem Menschsein immer besser anzunehmen lernen.

Mit der Zeit suchen andere die Nähe solcher Menschen, nicht weil sie Lösungen, sondern Begleitung auf ihrem Lebensweg finden wollen. Begleiter sind in der Lage, anderen beizustehen und Sicherheit zu vermitteln auf einem Weg, den jeder Mensch im Grunde allein gehen muss. Dabei können sie manchmal ein hartes Gegenüber sein, manchmal locken sie oder bestärken. Die Bedürfnisse ändern sich mit den Wegstrecken. Sich der Wahrheit zu stellen bedeutet auch, unterschiedliche Erfahrungen zu machen, je nach unserem Standort und der davon abhängigen Wahrnehmung unserer selbst und vom Rest der Welt.

Enneagramm und spirituelle Begleitung

An diesem Punkt kommt das Enneagramm ins Spiel. Es gewährt dem Fremdenführer und dem Reisenden, dem Begleiter und dem Begleiteten, der Gebärenden und der Hebamme, dem Freund des Freundes, der Meisterin und der Schülerin Wegweisung und Hilfe auf dem Lebensweg. Zahlreiche weitere Bilder veranschaulichen das Zusammenwirken bei diesem Prozess. Begleitung beim Prozess der Umkehr lässt sich nicht abschließend definieren, sondern nur beschreiben. Dabei kann es sich als nützlich erweisen, eine Vielzahl von Metaphern zu verwenden; keine schließt die anderen aus. Sie überschneiden einander und setzen lediglich unterschiedliche Akzente.

Alle diese Bilder umschreiben dasselbe Verhältnis: auf der einen Seite der Begleiter als Kanal für das göttliche Leben und den Geist, auf der anderen Seite der lebendige, sich dem Geist öffnende Mensch, der die Begleitung sucht. Jede Begleitung zeigt: Hier ist ein Mensch aufgewacht und sucht – wenn nicht nach Antworten auf die Fragen seines Lebens, so doch nach Kommentaren dazu. Diese achtsame Haltung der offenen Augen ist die Haltung der Kontemplation. Sie ist unverzichtbar für den Prozess der Umkehr und damit für den Prozess der spirituellen Begleitung.

Wer diese kontemplative Haltung einnimmt, konfrontiert sich gegen allen eigenen Widerstand mit der Wirklichkeit; er gerät in Bewegung trotz aller Anstrengungen, die Wahrheit zu verdrängen, und er beginnt sich zu verändern trotz aller Versuche, sich am Althergebrachten, Sicheren und Vertrauten festzuklammern. Ohne diese Haltung spielt sich vielleicht manches an der Oberfläche ab, aber es ereignet sich keine tief greifende Veränderung; es sind vielleicht vereinzelte Akte der Selbstwahrnehmung und der Selbsterfahrung zu erkennen, jedoch kein echtes Wachstum und keine wirkliche Entwicklung. Emotionen regen sich, doch Leidenschaft wie auch wirkliches Erbarmen fehlen. Wer die Untiefen des Lebens, in die er durch die Begegnung mit anderen Menschen oder durch die Umstände gerät, nicht auslotet, kann den inneren Weg nicht gehen.

Nach Überzeugung des Psychologen Georg Iwanowitsch Gurdijeff, auf dessen Forschungen die westliche Enneagrammtradition zurückgeht, müssen wir zur Selbstbeobachtung fähig sein. Wir müssen zulassen, dass alles, was wahrgenommen werden kann, auch in unsere Wahrnehmung und in unser Bewusstsein dringt. Wir müssen über das Stadium der Ego-Entwicklung hinauswachsen. Wir müssen lernen, stärker ins helle Licht des Bewusstseins gelangen zu lassen, was wir zuvor ins Zwielicht der Selbsttäuschung verbannt haben. Ein solcher Prozess ist immer von Widerstand begleitet, aber auch unser Widerstand ist nicht stark genug, um uns von unserer Realität abzuhalten. Wir beginnen, die „schreckliche

Wahrheit" zu sehen, bis wir uns mit der Zeit an den Anblick gewöhnen und erkennen, dass die Wahrheit gar nicht so schrecklich ist.

Zur Selbstbeobachtung gehört auch, dass wir uns an uns selbst erinnern. Wir müssen unsere authentischen Erfahrungen wiederbeleben, doch diesmal können wir die Gefühle und Wahrnehmungen zulassen, die wir seinerzeit nicht ertragen konnten. So können wir unsere eigene Geschichte für uns selbst wieder zusammensetzen. Wir müssen die Gesamtheit unserer Erfahrung zulassen, tun dies nun aber von einem Punkt aus, wo wir ihr in ihrer Wucht standhalten können.

Ein Beispiel: Ein Mann, der als Kind geschlagen wurde, kann aus bestimmten Gründen vielleicht nur den Hass gegen seinen Vater in sein Erwachsenenleben mitnehmen. Irgendwann wird er zurückgehen und andere Gefühle integrieren müssen, die er in seiner Kindheit hatte: das Entsetzen und die Verzweiflung, die er in diesen Augenblicken empfunden hat, oder etwa ein unbestimmtes Schuldgefühl, eine vage Ahnung, er müsse diese Strafen in irgendeiner Weise verdient haben. Er braucht die erwachsene Perspektive, um den Mut zu finden, seine gesamte Vergangenheit zu betrachten – einschließlich der Schmerzen, die er erlitten hat, als Liebe und Vertrauen verraten wurden.

Wir erleben die Gegenwart immer durch den Filter unserer bisher gemachten Erfahrungen. Wir reagieren nach bestimmten, festgelegten Mustern und sind vielleicht wirklich der Meinung, uns stünden nur diese Muster zur Verfügung. Wenn wir aber im Lauf unserer Entwicklung diese Muster durchbrechen und die Palette an möglichen Reaktionen erweitern, erkennen wir immer deutlicher, wie unsere Geschichte unser Verhalten und Erleben geprägt hat. Uns wird klar, dass die Vergangenheit in diesem Augenblick immer noch lebendig ist. Wir „ver-stehen": Wir wechseln unseren

Standpunkt und beginnen die Teile der Wirklichkeit anzunehmen, die wir nicht länger verleugnen können.

Wir werden nie damit fertig, unsere fortlaufenden Reaktionen auf die ununterbrochene Kette von Ereignissen zu beobachten. Und ebenso wenig werden wir damit fertig, uns selbst zu beobachten und uns selbst zu verstehen. Dies ist ein lebenslanger Prozess. Anders gesagt: Es gibt keine dauerhafte Erfahrung der Kontemplation. Die Reise geht nie zu Ende. Es ist eine Geburt, bei der eine Wehe auf die andere folgt. Immer wieder, unser ganzes Leben lang, wandern wir durch neues und unvertrautes Gelände und segeln über unerforschte Meere. Schritt für Schritt nimmt dabei unsere Weisheit zu.

Die kontemplative Haltung ist eine gute Voraussetzung für die innere Suche. Sie wächst in uns in dem Maß, in dem wir selbst wachsen. Gegen dieses Wachstum wehren wir uns auf vielerlei Weisen, denn die Veränderungsprozesse des Lebens erscheinen uns erschreckend und schwierig. Manche Menschen flüchten sich in übermäßige Arbeit, andere stellen gewissermaßen den Betrieb ein. Manche ziehen sich auf ihre inneren Wahrnehmungen zurück, um nur ja nichts tun zu müssen. Wieder andere sind ständig aktiv und organisieren alles Mögliche für andere Menschen oder Gruppen. Manche pendeln hin und her auf der Suche nach der einen Antwort, auf die sich einzulassen jedoch keine Notwendigkeit besteht, denn die *eine* Antwort ist nicht zu finden. Unser Enneagrammmuster bestimmt die Art unseres Widerstands.

Je stärker wir Widerstand leisten, desto weniger wird Erkenntnis möglich. Wir schließen Elemente aus, die zum umfassenden Wissen notwendig sind. Auch die nötige Bereitschaft zum Handeln fehlt uns häufig. Haben wir jedoch durch unser physisches und unser immaterielles Wesen einmal Kenntnis vom gesamten Bild erlangt, haben wir alles erkannt, wozu wir fähig sind. Dann können wir die Entscheidungen in unserem Leben ohne große Anstrengung treffen. Das meint Gurdijeff, wenn er von Selbst-Beobachtung, Selbst-Erinnerung und Selbst-Verständnis spricht. Mit diesen Erfahrungen werden wir verwandelt; ohne sie bleiben wir unbeweglich und starr in unserer Friedhofsruhe.

Natürlich ist niemand vollkommen kontemplativ und sich vollkommen seiner selbst bewusst. Wir befinden uns alle beständig im Prozess, denn das Jetzt ändert sich laufend. Jeden Tag können wir besser lernen, der Wahrheit des Jetzt zu vertrauen. Je mehr wir uns in diesem Sinn entwickeln, desto klarer wird unsere Erkenntnis und desto weiser werden unsere Entscheidungen. Wir werden fähig, die Energien zu verstehen, die durch unsere Wahrnehmung, unsere Emotionen und unser Verhalten fließen; wir können uns der Wirklichkeit besser stellen, müssen weniger lügen und sitzen weniger Täuschungen auf. Es wird schwieriger, gegen den so offensichtlich lebensspendenden Prozess Widerstand zu leisten. Wir überlassen uns dem Leben und lassen zu, dass das Leben uns trägt. Ein Begleiter kann uns dabei helfen, er kann uns unterstützen und das, was wir für wahr halten, infrage stellen. Die Energien des Begleiters und die des Begleiteten vertiefen den Prozess und treiben ihn voran.

Fragen im Zusammenhang mit der spirituellen Begleitung

Häufig wird diskutiert, inwiefern sich spirituelle Begleitung von Beratung und Psychotherapie unterscheidet. Diese Frage halte ich für unwichtig; ich werde mich mit ihr nicht befassen. Statt Energie in eine Diskussion der Unterschiede zu investieren, wende ich mich lieber den oben beschriebenen Beziehungen zu. Welches Etikett dieser Begleitung im Prozess der

Umkehr angeheftet wird, halte ich für irrelevant. Es spielt hier keine Rolle, ob Begleitung in der Praxis eines Psychologen stattfindet, im Sprechzimmer einer Studentenpfarrerin, beim Mittagessen oder in der Kirche. Ich schließe mich der Überzeugung des Psychologen John Hillman an, wahre Psychologie bestehe im Gestalt-werden-Lassen der Seele und im Wecken des tieferen Selbst. Ich werde mich folglich nicht mit klinischen Theorien oder Systemen beschäftigen, sondern mit dem, was beidem zugrunde liegt: der Begegnung des Individuums mit dem eigenen Leben, dem Leben anderer und dem Leben des transzendenten Seins.

Thomas Malone hat sich ebenfalls zu diesem Thema geäußert. Er schreibt: „Ein Psychotherapeut ist ein Mensch, der sich kraft der Entwicklung seines Charakters, ergänzt durch Ausbildung und Übung, mit Leidenschaft dem menschlichen Geist widmet." Zweifellos beschreiben diese Worte genau das, was ein Begleiter tut. Seit C.G. Jung die Individuation des Menschen in den Zusammenhang mit der spirituellen Entwicklung gestellt hat, beschreiben Psychotherapeuten wie spirituelle Begleiterinnen und Begleiter ihre Arbeit in Kategorien von Wachstum und Wandel, von Leben und Tod. In unserem Zeitalter des Bewusstseins, in dem der Mensch aufgefordert ist zu einem tieferen, ganzheitlicheren Gewahrsein seiner selbst und seiner Mitmenschen, fallen die früher als unterschiedlich betrachteten Disziplinen im Innersten der menschlichen Erfahrung in eins.

Für die Beziehung zwischen Begleitern und Begleiteten lassen sich zahlreiche Metaphern finden. Der eine sucht nach einem Führer, einer Begleiterin, einem Kundschafter, der den Weg durch unbekanntes Gebiet zeigt, eine andere sucht einen Fährmann, der sie sicher über die Wasser des Unbewussten bringt, oder einen Gefährten, der mit einer Wünschelrute aufspürt, wo sich die verborgenen Wasseradern befinden. Welches Bild benutzt wird, hängt ab von der Art, das Leben zu betrachten, und davon, was die jeweilige Wirklichkeit ausmacht.[2]

Ob jemand das informelle Gespräch von Freund zu Freund, Freundin zu Freundin bevorzugt, in dem der Geist sich in und zwischen den beiden hin- und herbewegen kann, oder ob er den Geist am besten durch die Gruppen und Einzelnen vernimmt, die im eigenen Leben eine Rolle spielen, kann Aufschluss geben über den Standort, den ein Mensch im Leben gefunden hat. Wenn sich jemand unter Schmerzen durch den Prozess der Geburt kämpft und dabei auf die Begleitung einer Hebamme angewiesen ist, die ihn ermuntert, ermutigt und ihm verspricht, dass die Schmerzen sich lohnen und zum Leben führen, dann kann das durchaus einen Hinweis auf sein Enneagrammmuster liefern.

Roberto Assagioli, Psychotherapeut und Begründer der Psychosynthese, hat den roten Faden benannt, der all diese Bilder von spiritueller Begleitung verbindet: Was auch immer das Anliegen eines Menschen ist, es sei hilfreich, wenn sich die Energie von zwei Menschen auf dieses Anliegen konzentriert. Allein die Tatsache, dass ein Mensch seiner persönlichen Erfahrung Aufmerksamkeit widmet und eine zweite Person an diesem Prozess beteiligt, ermöglicht Einsicht, Bewegung und Wandel. Das vorliegende Buch will beide Personen in einer solchen Beziehung unterstützen, sodass sie ihre eigenen Energien besser erkennen und frei werden für den Prozess der spirituellen Begleitung.

Wenn das Enneagramm in der spirituellen Begleitung angewendet werden soll, stellt sich die Frage, welchem Enneagrammmuster der Begleiter bzw. die Begleiterin entsprechen soll. Diese Frage wird häufig zusammen mit zwei weiteren

2 Vgl. Corcoran.

Fragen gestellt: Sollte die Begleitperson demselben oder dem anderen Geschlecht angehören? Und: Sollte der spirituelle Hintergrund der Begleitperson dem des bzw. der Begleiteten möglichst ähnlich sein oder nicht? Die Antwort gilt für alle drei Fragen in entsprechender Weise: Manchmal ist es gut und richtig, wenn wir unser Leben vor jemandem offenlegen, der uns sehr ähnlich ist und uns dadurch Verständnis und Unterstützung gewähren kann – vorausgesetzt, dass er seine eigene Realität annimmt. Ein andermal ist es besser, sich jemandem anzuvertrauen, der eher über gegensätzliche Erfahrungen verfügt. Durch die Begegnung mit solchen kontrastierenden Erfahrungen können andere Aspekte der Wirklichkeit an Bedeutung gewinnen. Das eigene Anliegen wird umfassender, schärfer und unter einem neuen Blickwinkel betrachtet.

Entscheidend scheint zu sein, dass ein Mensch, der in die Strudel und Abgründe der eigenen Existenz geraten ist, jemanden findet, der die Strudel und Abgründe seines eigenen Lebens kennt. Es ist wichtig, dass der Mensch eine Antwort auf seine Angst und seinen Widerstand, auf seine Sorge und Überaktivität, auf seinen Zorn und Groll erfährt. Dann können, wie oben gesagt, Analogien hergestellt werden zu dem, was sich in den Untiefen der anderen Person regt.

Wie häufig sollte spirituelle Begleitung stattfinden? Auch auf diese Frage gibt es keine eindeutige Antwort. Manchmal bleibt die spirituelle Begleitung eine einmalige Angelegenheit. Beispielsweise tritt jemand in das Leben einer anderen Person und sagt oder tut etwas, was die Wirklichkeit grundlegend verändert, verschwindet wieder und taucht nie mehr auf. Manchmal findet die Begleitung regelmäßig, wöchentlich oder monatlich statt.

Manche Menschen treffen ihren Begleiter regelmäßig und sprechen auch explizit von ihrem Begleiter. Andere gebrauchen dieses Wort nicht. Manchen Menschen tun häufige kurze Treffen gut. Andere bevorzugen längere Sitzungen, die es ihnen ermöglichen, tief in ihre Gefühlswelt einzutauchen. Wieder andere verbringen jede Nacht mit ihrem Begleiter, weil sie mit ihm verheiratet sind, oder arbeiten im Alltag mit ihm zusammen. Die Frage nach der Häufigkeit kann nicht getrennt betrachtet werden von dem Modell der spirituellen Begleitung, das jemand in Anspruch nimmt. Und dies kann, wie bereits erwähnt, mit dem Enneagrammmuster zusammenhängen.

Letztlich sind diese Fragen rein theoretischer Natur. Sobald ein Mensch bereit ist zu lernen, taucht ein Meister oder eine Meisterin auf.[3] Niemand muss seinen Weg ohne Begleitung gehen; irgendjemand stellt sich ein, sei es ein Freund, eine Lehrerin, ein Lebenspartner, ein Kind, ein Gegner, ein Arbeitgeber, eine Autorin, ein Künstler oder ein Haustier. Wenn ein Mensch bereit und fähig ist zu lernen, entfaltet sich sein Leben und die Menschen um ihn herum beginnen zu sprechen. Der Geist der Schöpfung wird sich in seinem Herzen Gehör verschaffen. Es ist natürlich unvermeidlich, dass wir uns von Zeit zu Zeit allein und verlassen fühlen. Doch nur solche unbequemen und schmerzlichen Erfahrungen führen uns über das altbekannte Leben hinaus. So lernen wir, dass wir niemals allein sind in einem Kosmos, in dem jedes Atom mit allen anderen Atomen in Wechselwirkung steht. Die Botschaften des Lebens kommen oft aus unvermuteten Quellen.

So viel ist sicher: Wie wir mit uns selbst, mit anderen, mit der Umwelt und mit dem Göttlichen umgehen, hängt damit zusammen, wer wir sind. Es hängt von unserem Enneagrammmuster ab.[4]

3 Vgl. Corcoran.

4 Zu den unterschiedlichen lebensbestimmenden Energien der verschiedenen Typen und dem, was ihnen Balance und Ausrichtung gibt, vgl. zum Beispiel Rohr/Ebert.

Dieses Buch lenkt das Augenmerk darauf, wie ein Mensch mit einem anderen über seine persönliche Entwicklung in einer Weise ins Gespräch kommt, die wir als spirituelle Begleitung bezeichnen. Daneben wird erörtert, wie diejenigen, die andere auf dem Weg der Umkehr begleiten, ihre Rolle wahrnehmen und mit ihr umgehen. Und schließlich setzt sich das Buch mit den Interaktionen zwischen beiden auseinander und beleuchtet dabei die Dynamik, die ihre jeweilige Unterschiedlichkeit hervorrufen kann.

Die Absicht dieses Buches

Wozu ein Buch über spirituelle Begleitung? Wenn wir die Kategorien des Enneagramms anwenden, fällt neues Licht auf die Beziehung zwischen Begleitenden und Begleiteten. Schwierigkeiten im Umgang miteinander finden ebenso eine Erklärung wie die Tatsache, dass manche Partner so leicht miteinander zurechtkommen.

Ein anderes Motiv ist jedoch weit wichtiger: Es ist ein Unterschied, ob ich die Situation eines anderen kenne oder ob ich sie verstehe. Das Beste, wozu Menschen fähig sind, ist es, einander zu verstehen. Wir können, um das Wortspiel zu gebrauchen, einander „ver-stehen", das heißt den Standpunkt des anderen einnehmen und die Wirklichkeit aus der Perspektive des anderen betrachten. Dazu müssen wir darauf horchen, was der andere als seine Gefühle beschreibt, als das Ganze seiner Wahrnehmungen, Entscheidungen und Handlungen. Diese Beschreibungen zusammen mit den eigenen Beobachtungen unausgesprochener Botschaften, die die Beschreibungen begleiten, können wir neben unsere eigene Wahrnehmung der Wirklichkeit stellen. Wir merken, was in den Mitteilungen des Gegenübers „stimmt" oder „nicht stimmt".

Um zu verstehen, müssen wir manchmal gleichsam übersetzen, was wir von anderen hören. Zorn kann den einen in hitzige, besinnungslose Raserei führen, während ein anderer von Zorn in eisige, bewegungslose Starre versetzt wird. Wenn wir aufeinander hören, erfahren wir, was die Worte des konkreten Menschen uns gegenüber bedeuten. Wenn das Gegenüber erzählt, merken wir, was davon unserer eigenen Erfahrung entspricht und was nicht. Indem wir versuchen, uns die Erfahrung des anderen im Abgleich mit unserer eigenen Wahrheit verständlich zu machen, helfen wir ihm, seine eigene Wahrheit genauer auszudrücken. Wir „ver-stehen" einander, weil wir mehr und mehr von der Wahrheit der anderen Person erkennen und erfassen.

Jeder kann nur seine eigene persönliche Wirklichkeit *erkennen.*[5] Die Arbeit mit dem Enneagramm bietet eine einleuchtende Erklärung für diese Realität. Niemals sind die Erfahrungen zweier Menschen identisch. Diesen Umstand haben nachdenkliche Menschen schon immer betont. Darüber hinaus betrachten auch ganze Gruppen von Menschen das Leben unterschiedlich, manchmal sogar konträr.

Das wird immer so sein. Wir können zwar lernen, auf die Erfahrungen der anderen zu hören, aber wir werden sie nie *erkennen* in dem oben genannten Sinn. Wir können einander verstehen, indem wir Analogien herstellen und indem wir das Gehörte in unser eigenes Vokabular und unsere eigene Weltanschauung übersetzen. Mehr ist uns nicht möglich, denn in uns als beschränkten Wesen entfaltet sich das höhere Leben nur unvollkommen.

Manche Menschen lassen sich durch diese Einsicht von

5 Das Wort „erkennen" ist hier im biblischen Sinn zu verstehen. Es geht mehr um eine ganzheitliche Erfahrung als bloß um eine Verstandeswahrnehmung. Erkennen beinhaltet neben der kognitiven Ebene auch solche des Gefühls und der sinnlichen Wahrnehmung.

dem Versuch abhalten, einen anderen Menschen wirklich zu begleiten. Andere jedoch entwickeln aufgrund dieser Einsicht das Bestreben, genauer und einfühlsamer zuzuhören, wenn jemand von seinem Leben spricht. Solche Menschen sind die spirituellen Begleiter und Begleiterinnen in dieser Welt. Für sie ist dieses Buch in erster Linie gedacht, daneben auch für alle, die von ihnen begleitet werden. Das Enneagramm kann zu einem nützlichen Werkzeug werden. Es ermöglicht zunächst, selbst wirklich gegenwärtig zu sein, und es fördert die Selbsterkenntnis. Es scheint an der Zeit, diese Gegenwart und Selbsterkenntnis auf andere anzuwenden. Mit anderen Worten: Unsere Einsichten über uns selbst und unser eigenes Wachstum können dazu führen, auch andere besser zu verstehen.

Dieses Buch ist für Menschen geschrieben, die wissen, dass dieses erweiterte Verständnis möglich ist. Es ist nicht nur für Menschen gedacht, die geistliche Begleitung oder Seelsorge im eigentlichen Sinn leisten oder in Anspruch nehmen, sondern auch für solche, die wissen, dass Menschen gemeinsam auf dem Weg des Lebens unterwegs sind, und die lernen wollen, sich vertieft auf diesen gemeinsamen Weg einzulassen.

Mit diesem Buch möchte ich zur Weiterentwicklung der Theorie des Enneagramms beitragen. Ich lade Sie ein, sich an diesem Prozess zu beteiligen, indem Sie meine Darlegungen aus Ihrer eigenen Erfahrung mit Ihrem inneren Weg korrigieren und ergänzen. Ich schreibe von selbst Erlebtem; manches haben andere mir erzählt. Ich versuche, meine eigene Erfahrung und die der anderen so getreu wie möglich wiederzugeben, insbesondere wenn ich mit Analogien arbeite, wenn mein persönlicher Erfahrungshorizont überschritten wird.

Thomas Malone mahnt zur Vorsicht bei der Wahl eines Begleiters auf unserem Lebensweg. Er warnt vor „Sklaven" und vor „Sklaventreibern", vor Konformisten und vor Rebellen.

Es ist sehr wichtig, dass der Begleiter um die Zwänge weiß, die sowohl unser eigenes Selbst als auch andere Menschen, mit denen wir zu tun haben, unerlöst halten.

Der beste Begleiter ist Malone zufolge ein gewaltloser Mensch, der sich selbst so akzeptiert, wie er geworden ist, und der deshalb auch andere nicht in ihrem Sosein bekämpfen muss. Ein auf diese Weise gewaltloser Mensch ist jedoch keineswegs passiv. Er ist in der Lage, zu wachsen und sich zu verändern in dem Maß, in dem sich Wahrnehmungen, Gefühle und Verhaltensweisen ändern. Malones Überzeugung nach gibt sich ein solcher Mensch nicht damit zufrieden, einfach zufrieden zu sein. Er lässt vielmehr die Möglichkeiten, die darin liegen, den Weg gemeinsam zu gehen, Wirklichkeit werden.

Natürlich wissen diese Menschen, dass jeder die Untiefen der Selbsterfahrung allein durchschreiten muss, bevor er in wahrer Gemeinschaft mit anderen leben kann. Ihre eigene Erfahrung hat sie das gelehrt. Nach Joseph Campbell muss jeder Held die härtesten Prüfungen bestehen, er muss durch Einsamkeit und Verzweiflung hindurch das Kreuz des Erlösers selbst tragen.

Dieses Buch handelt von der Freiheit, die notwendig ist, um selbst auf diesem einsamen Weg hin zum Wesen der Wirklichkeit zu wandern und um andere zu diesem Weg zu ermutigen und sie zu begleiten. Es handelt von der vertrauten Gemeinschaft, die diese Freiheit ermöglicht und die aus dieser Freiheit erwächst. Ich lade Sie ein, sich an der kontinuierlichen Weiterentwicklung der Spiritualität des Enneagramms zu beteiligen, indem Sie sich aktiv auf das Folgende einlassen.

Das vorliegende Buch beschäftigt sich mit Fragen der aktiven und passiven spirituellen Begleitung. Es handelt von elementaren menschlichen Instinkten, von Reaktionen auf das Leben, die unterhalb der Schwelle der bewussten Wahrnehmung und deshalb unwillkürlich ablaufen, das heißt: Sie sind nicht der freien Entscheidung unterworfen. Instinkte sind vorbewusst. Sie laufen ab, noch bevor das wache, verantwortliche Bewusstsein in der Lage ist, zu unterscheiden und Entscheidungen zu treffen.

Schon früh im Leben beginnen wir, unseren Weg des geringsten Widerstands abzustecken; früh formen sich die Energien, die wir zunächst gar nicht wahrnehmen. Dann, mit zunehmendem Erwachen unserer bewussten Wahrnehmung, nimmt unsere Wurzelsünde[6] mehr und mehr Gestalt an. Wir beginnen Reaktionen zu übertreiben, die ursprünglich natürlich, leicht und positiv sind, als wollten wir alles ausräumen, was unseren Instinkten im Weg stehen könnte.

In der ersten Lebensphase erschaffen wir uns selbst, wir bilden und formen uns und das Bild von uns, das wir zeigen. In der zweiten Lebensphase erkennen wir allmählich, was wir eigentlich von früher Kindheit an bis mindestens ins frühe Erwachsenenalter hinein mit uns gemacht haben. Wir begegnen den verdrängten und vergrabenen Aspekten unserer Persönlichkeit. Diese Teile stehen im Widerspruch zu dem Bild, das wir uns von uns selbst, von unseren natürlichen Anlagen und von unserem Instinkt gemacht haben. Im Erwachsenenalter können wir die Seiten nicht länger verleugnen, die wir ins Vergessen, in unseren „Schatten" verbannt haben. Bislang unbekannte Persönlichkeitsanteile treten ins Licht unseres Bewusstseins und drohen das Selbstbild, das wir in früheren Lebensphasen aufgebaut haben, zu zerstören.

Es folgt eine Phase des Erschreckens, das Gefühl, sterben zu müssen. Doch nach und nach werden wir vertraut mit unserem neuen, vollständigeren Selbstbild. Wir gewöhnen uns

6 Zum Begriff „Wurzelsünde" vgl. Rohr/Ebert, S. 49-52 (Anmerkung des Übersetzers).

an Seiten unserer Persönlichkeit, vor denen wir früher die Augen verschließen mussten. Hatten wir uns für freundlich gehalten, erkennen wir jetzt, dass in der Freundlichkeit eine gehörige Portion Egoismus steckt; unter der Ruhe, die wir auszustrahlen schienen, entdecken wir Ängste; unsere Stärke schließt nicht aus, dass wir verletzlich sind. Ja, das Gefühl, sterben zu müssen, ist verständlich: Das alte Bild, das wir uns von uns selbst gemacht haben, hat ausgedient und ein vollständigerer, mehrdimensionaler Mensch nimmt Gestalt an.

Im Lauf der Zeit lassen wir dieses ganzheitlichere und der Wahrheit näherkommende Bild von uns immer mehr zu. Wenn wir ehrlich sind, können wir es nicht leugnen: So sind wir. Diese Haltung der Demut ist die Grundlage jeder wahren Spiritualität, denn sie trägt der menschlichen Begrenztheit Rechnung. Sie kehrt die Ur-Sünde um, jenes Bestreben, zu sein wie Gott, unser Leben selbst zu beurteilen und uns nach unserem Gutdünken selbst zu formen. In der Haltung der Demut finden wir zu einer ehrlichen Selbsteinschätzung. Sie ermöglicht uns die Offenheit, auch unangenehme Anteile zu integrieren, selbst wenn das schmerzlich ist. Indem wir uns selbst in dieser Weise akzeptieren, können wir auch andere akzeptieren und annehmen.

Der innere Weg ist nichts anderes als dieser Entwicklungsprozess, wie immer wir ihn benennen. Jeder spirituelle Begleiter, der diesen Namen zu Recht trägt, ist mit diesem Prozess zutiefst vertraut. Alle, die sich begleiten lassen, müssen diesen Weg gehen, wenn sie überhaupt weiterkommen wollen. Der Weg führt aus der Lüge in die Demut, aus den Zwängen in die Freiheit der kontemplativen Haltung, aus der Selbstanbetung in die Anbetung Gottes. Die verschiedenen Traditionen haben ihre je eigenen Namen für diesen für die Menschwerdung unverzichtbaren Weg. Umkehr oder Bekehrung, Individuation, Metanoia, Tod und Auferstehung, Verwandlung – all diese Bezeichnungen meinen nichts anderes, als dass wir unsere Beschaffenheit, unser Sosein anschauen und annehmen und die damit verbundenen Folgen nicht scheuen. Spirituelle Begleitung heißt, dass Menschen gemeinsam auf diesem Pfad gehen.

Im Folgenden geht es um die Hilfe, die das Enneagramm bei diesem Prozess bedeuten kann. Nacheinander werden die drei Hauptgruppen bzw. Triaden des Enneagramms behandelt, und zwar zunächst im Hinblick auf die Menschen, die spirituelle Begleitung in Anspruch nehmen. Die Darstellung beginnt mit Bemerkungen, die auf alle drei Muster der Triade zutreffen, es folgen spezifischere Themen der einzelnen Muster innerhalb der betreffenden Triade.

Danach wird die Frage behandelt, wie die Grundimpulse der Triade den Begleiter beeinflussen, wie diese Grundimpulse zu Zwängen werden, die sich in der spirituellen Begleitung manifestieren, und wie sie die Verhaltensweisen und die Energie des jeweiligen Begleiters bestimmen. Neben Überlegungen, wie „erlöste" Begleiter von ihren Grundimpulsen sowohl gefördert als auch behindert werden können, stehen Gedanken über die Gefahr, diese Grundimpulse auf dem Weg zur Ganzheit einfach ausschalten zu wollen. Dieser Versuch, unsere naturgegebenen Instinkte auszulöschen, führt in die Irre. Irgendwann müssen wir zu der Einsicht gelangen, dass unsere Gabe gerade unserer Wunde entspringt. Doch diese Einsicht erwächst nicht aus dem Versuch, unseren Instinkt zu beseitigen, sondern aus der Wahrnehmung, wie er zum Zwang, zur Wurzelsünde geworden ist. Ein Begleiter, der über diese Wahrnehmung verfügt, kann seine Entscheidungen mit offenen Augen und in großer Freiheit treffen.

Mit zunehmender Erleuchtung wächst die Bereitschaft spiritueller Begleiter, andere Aspekte ihrer selbst wahrzunehmen und zuzulassen. Diese Aspekte haben sie früher in der

Lebensphase, in der aus den Grundimpulsen die Wurzelsünde entstanden ist, zu verleugnen gelernt. Mit anderen Worten: Nun beginnen sie, die Dynamik der anderen Enneagrammmuster in ihre angeborene Dynamik einzubauen. Das geschieht nicht in bewusster Anstrengung, wodurch die Betreffenden nur weiter in der alten Ego-Phase der Selbsterschaffung verharren würden, sondern dadurch, dass sie die Dinge so annehmen, wie sie sind. Das verstehe ich unter *kontemplativer Haltung*. In dem Maß, in dem spirituelle Begleiter verstehen und akzeptieren, was sie von Natur aus sind und was sie aus sich gemacht haben, sind sie in der Lage, andere auf diesem Weg der Selbsterkenntnis und der Selbstannahme zu begleiten.

In diesem Buch geht es um viel mehr als um die Bedingungen von spiritueller Begleitung im eigentlichen Sinn. Beobachtungen, die für diese Form von Begleitung hilfreich sind, lassen sich auch auf andere menschliche Beziehungen anwenden. Wie kann ich zuhören und verstehen? Wie kann ich in einer Weise antworten, dass andere zuhören und aufnehmen können? Diese Fragen sind wichtig für jede Art menschlicher Kommunikation. Das hier zur spirituellen Begleitung Ausgeführte lässt sich auch auf das Familienleben, auf berufliche Beziehungen und auf Freundschaften übertragen.

Der Tattyp

ZWEI, DREI und VIER

1. Kapitel

Begleitung von Menschen der Muster ZWEI, DREI und VIER

Menschen vom Muster ZWEI, DREI und VIER suchen spirituelle Begleitung oft aus dem Gefühl heraus, dass sie ihr Leben nicht im Griff haben. In den ersten Sitzungen mit diesen Menschen spielt häufig ihre Verlegenheit eine große Rolle, wenn nicht die Hauptrolle. Ihrem Selbsturteil, versagt zu haben, begegnen sie meist mit dem Versuch, die Beziehung innerhalb der spirituellen Begleitung auf freundschaftliche Weise zu gestalten und als eine Reihe eher zufälliger Begegnungen zu sehen, ohne sie als Beratung oder Therapie zu bezeichnen.

> *„Ich dachte, wir könnten uns nächste Woche vielleicht einmal zum Ratschen treffen. Ich habe eine Menge erlebt. Vielleicht essen wir zusammen? Ich rufe dich an!"*

ZWEIer betrachten ihr Leben unter dem Motto „helfen/Hilfe suchen". In der Rolle des Hilfesuchenden fühlen sie sich jedoch unwohl. Deshalb haben sie oft Schwierigkeiten, ausdrücklich spirituelle Begleitung in Anspruch zu nehmen. DREIer, die sich in einer Umwelt bewegen, in der geistliche oder therapeutische Begleitung als weitgehend akzeptiert, ja als „in" gilt, erwähnen gerne wie nebenbei, dass sie diese in Anspruch nehmen. Manchmal verkünden sie es sogar lautstark, und zwar besonders dann, wenn der Begleitende, den sie sich gewählt haben, einen guten Ruf genießt. Ähnlich halten es VIERer, die, zumindest sich selbst gegenüber, kleine

Hinweise darauf fallen lassen müssen, welch sensiblen und ausgezeichneten Begleiter sie gefunden haben, so ausgezeichnet, dass er sogar mit ihrer komplizierten Persönlichkeit zurechtkommt.

Spirituelle Begleitung als Beziehung

Für Menschen vom Muster ZWEI, DREI und VIER ist es wichtig, dass der Begleiter alles, was mit der Beziehung zwischen ihm und den Begleiteten zusammenhängt, nicht zu sehr in den Vordergrund stellt. Oft sorgt schon eine einfache symbolische Geste dafür, dass die Begleiteten sich nicht ständig annehmender und anerkennender Reaktionen versichern müssen. Es kann sich beispielsweise positiv auswirken, wenn der Begleiter seinen Stuhl neben den des Begleiteten, also außerhalb seines Sichtfeldes stellt. Das verringert das instinktive „Abchecken", denn die Aufmerksamkeit wird darauf gelenkt, was der Begleitete gleichsam vor beiden ausbreitet, sodass beide es betrachten können.

Manche Begleiter finden es sehr wichtig, dem Gegenüber in die Augen sehen, um seine nonverbalen, mimischen und körperlichen Äußerungen wahrnehmen zu können. Bei Begleiteten aus dieser Triade ist es jedoch gut, sich klarzumachen, dass das entscheidendere Moment die Selbst-Präsenz des Begleiters ist. Eine zwanghafte Aufmerksamkeit für das Gegenüber behindert diese Haltung, zumal das unbewusste Bemühen, dem Begleiter zu gefallen, das eigentliche Anliegen einer ZWEI, DREI oder VIER in der spirituellen Begleitung überschatten wird. Es kommt darauf an, dass die Begleiteten eine Situation vorfinden, in der sie mit ihrer gegenwärtigen Wahrnehmung in Kontakt kommen und erfahren, wie diese sich anfühlt. Wenn sie sich irgendwann zwischen den Sitzungen an dieses Gegenwärtigsein erinnern, kann das zum Wendepunkt für sie werden.

Der Wert der unmittelbaren Erfahrung

Für ZWEIer, DREIer und VIERer ist es also wichtig, dass sie Zugang zu ihren gegenwärtigen Gefühlen finden und nicht über die Gefühle berichten, die sie seit der letzten Sitzung gesammelt und etikettiert haben. Es ist entscheidend, in dem unabgeschlossenen Moment hier und jetzt anwesend zu sein. Wenn der Prozess der Begleitung eine solche Atmosphäre ermöglicht, dann können sich Menschen vom Muster ZWEI, DREI und VIER fallen lassen und ohne ständige Reflexion und Selbstbeobachtung zu authentischem Erleben in der Gegenwart finden.

An die Stelle der ständigen Versuche, es allein zu schaffen, Erfolge zu sehen oder ein Ergebnis vorzuweisen, tritt eine Erfahrung des Hier und Jetzt, die frei ist von Reflexionen über die Vergangenheit oder Sorgen um die Zukunft. ZWEIer, DREIer und VIERer tendieren dazu, sich an den Momenten der Einsicht und der Emotionen vorbeizumogeln oder aus ihnen herauszuspringen. Häufig stürzen sie sich auch auf eine solche Regung, um sie zu „nutzen", statt sie geschehen zu lassen, solange sie andauert, bevor eine andere Regung an ihre Stelle tritt.

Eine ZWEI, DREI oder VIER kann in einem unabgeschlossenen Prozess nur schwer verharren, weil sie immer glaubt, sich und ihrem Begleiter zeigen zu müssen, wie gut sie auf ihr Leben anwenden kann, was die Sitzung ans Licht gebracht hat. Wenn sie mit ihrer Erfahrung in Kontakt gekommen ist, die sie wahrnehmen und bei der sie bleiben müsste, verschließt sie ihre Einsichten und Gefühle oft schnell, um alleine weiterzuarbeiten. Diese Dynamik verringert jedoch die Wirkung des gegenwärtigen Augenblicks, des größten Geschenks in der Situation der Begleitung.

> *„Worauf ich gerade gestoßen bin, ist wirklich wichtig. Ich denke darüber nach und sage Ihnen bei unserem nächsten Treffen, wie weit ich damit gekommen bin."*

Begleiter, die es wichtig finden, eine Sitzung zusammenzufassen und weiterführende Schlüsse zu ziehen, um die Bedeutsamkeit der Sitzung zu betonen, verbünden sich gerade dadurch oft mit dem Begleiteten. Sie helfen ihm noch dabei, die Sitzung als abgeschlossenes Projekt zu verstehen.

Andererseits ist die Gefahr gering, dass eine ZWEI, DREI oder VIER eine Erfahrung vergisst, für die im Prozess der Begleitung Zeit war und die sich entfalten und vertiefen konnte. Schritt für Schritt lernen ZWEIer, DREIer und VIERer, solche Momente in ihr Leben zu integrieren. Allmählich erkennen sie, wie sich ihre Wirklichkeit von selbst in die Vergangenheit und die Zukunft einpasst, vorausgesetzt, die Gegenwart wird zu dieser ungewohnten, wirklich greifbaren Realität.

Es ist wichtig, ZWEIer, DREIer und VIERer anzuleiten, bei ihren Gefühlen zu bleiben, die während der Sitzung an die Oberfläche drängen. Begleiter vom Muster ACHT, NEUN oder EINS, die eine ZWEI, DREI oder VIER begleiten, befürchten unter Umständen, dass ihr Gegenüber nicht mehr in der Lage ist, aus seinen Gefühlen aufzutauchen, um sie zu deuten oder um überhaupt wieder funktionieren zu können. Solche Befürchtungen sind unbegründet. Die Begleiteten werden nur dann in Kontakt mit ihrer tieferen Erfahrung kommen, wenn sie die gegenwärtigen Gefühle zulassen. Begleiter vom Muster FÜNF, SECHS oder SIEBEN wünschen sich mehr Information, was in den Begleiteten abläuft, um die Situation und auch ihr Gegenüber selbst besser zu verstehen. Geben sie diesem Wunsch nach, besteht jedoch die Gefahr, dass sie ihr Gegenüber ablenken und aus der Erfahrung der Gegenwart herausbringen. Dabei ist es für eine ZWEI, DREI oder VIER schon unter den bestmöglichen Umständen sehr schwer, eine solche Erfahrung überhaupt zuzulassen.

Wenn ihr Gefühlsleben berührt wird, bleiben ZWEIer, DREIer und VIERer oft ungewöhnlich still. Diese Stille sollte am besten nicht unterbrochen werden.

> *„Eines Tages kam ich wirklich in Kontakt mit etwas Wichtigem. Ich war überwältigt, mir fehlten die Worte. Nach etwa einer halben Stunde sagte mein Begleiter ruhig: ‚Vielleicht möchten Sie das mitnehmen.' Ich ging. Der Rest des Tages war eine Fortsetzung dieser Sitzung. Ich kann mich nicht erinnern, jemals zuvor so lange so ganz bei mir gewesen zu sein."*

Die Vorgehensweise planen

Wesentlich für die spirituelle Begleitung von ZWEIern, DREIern und VIERern ist, über die „Wie geht es weiter?"-Phase hinauszukommen und eine entspannte Situation zu erreichen, in der die Begleiteten ihre Aufmerksamkeit auf das richten können, was gerade in diesem Augenblick in ihnen vorgeht. Damit sie diese Art Aufmerksamkeit leichter erreichen, muss der Begleiter deutlich machen, dass er sein Vorgehen nicht streng geplant hat. Liegt ein Plan vor, klammern sich ZWEIer, DREIer oder VIERer oft an dieser Tatsache fest und verschwenden die Zeit in der Sitzung damit, herauszufinden, was jetzt an der Reihe ist, um sich darauf einzustellen.

Ein unbewusster Energiefluss weg vom Selbst und hinaus

in die Umwelt ist häufig das Ergebnis des Versuchs, dem Begleiter zu gefallen und dazu beizutragen, dass es ihm in der Sitzung gut geht. Diese Energie kann sich auch darin äußern, dass die Begleiteten am Ende betonen, wie hilfreich die gemeinsam verbrachte Zeit war und wie viel sie aus der Sitzung mitnehmen.

Besteht ein Plan für das Vorgehen, werden Begleitete vom Muster ZWEI, DREI oder VIER den Eindruck erwecken, dass sie den Plan gutheißen. Dabei verlieren sie den Kontakt zu ihrer persönlichen Wirklichkeit. Sie entscheiden sich, den Begleiter bei der Gestaltung der Sitzung zu unterstützen, anstatt sich selbst treu zu bleiben. Das trifft vor allem dann zu, wenn ZWEIer, DREIer und VIERer ahnen, dass ihre Erfahrung für die Absichten des Begleiters zweitrangig ist. Warum sollten sie nach der Wahrheit suchen, wenn der Begleiter schon längst weiß, wo diese Wahrheit zu finden ist? Menschen, die ihr Lebensskript so unbewusst schreiben wie ZWEIer, DREIer und VIERer, reagieren oft scheinbar kooperativ auf das, was sie als Manipulation vonseiten des Begleiters einschätzen. Allerdings sind sie dann nicht mehr in der Sitzung präsent, selbst wenn sie so wirken mögen.

Anders ausgedrückt: Wenn Menschen vom Muster ZWEI, DREI und VIER, die bereit sind, den Weg der Umkehr zu gehen, sich in einem freien und unstrukturierten Umfeld vorfinden, werden sie bearbeiten, was zu bearbeiten ist. Entscheidende Erinnerungen werden zugänglich, Schlussfolgerungen ergeben sich, Einsichten tauchen auf. Mitunter kann die Zurückhaltung des Begleiters die Begleiteten dazu verführen, die Situation zu manipulieren. Und doch benötigen die ZWEI, DREI und VIER genau diese Atmosphäre, um zu einem tief affektiven Verhalten zu gelangen. Sobald ein Plan erkennbar wird, sobald sie sich beurteilt fühlen, werden sie weiter versuchen, die Wünsche zu erfüllen, die der Begleiter ihrer Meinung nach hat. Die Spontaneität, die für ZWEIer, DREIer und VIERer so wichtig ist, kann sich nur in der beschriebenen Atmosphäre entfalten.

Solange ein solches Umfeld ohne Erwartungen aufgebaut ist, kann der Begleiter durchaus aktiv sein, Vorschläge machen, ermutigen, aus sich herausgehen und Fragen stellen, denn beide sind gleichermaßen an der Suche nach der Wahrheit und dem Leben beteiligt. Eine Sitzung, in der die ZWEI, DREI oder VIER den Begleiter vergisst, ist für sie eine ebenso wertvolle wie seltene Erfahrung. Sie steht in direktem Kontrast zu den Sitzungen, in denen die ZWEI, DREI oder VIER die Wahrheit beschönigt, unterdrückt oder verleugnet, um den Erwartungen gerecht zu werden, mit denen sie sich konfrontiert fühlt.

„Werde ich angenommen oder beurteilt, lediglich wahrgenommen oder verstanden? Haben Sie irgendwelche Vorstellungen davon, wie wir heute vorgehen wollen?“ Solche Fragen und die Antworten darauf lassen Begleitete vom Muster ZWEI, DREI und VIER, diesen geborenen Atmosphäre-Detektoren, kooperativ erscheinen. In Wahrheit sind sie abwesend, sie sind weder bei sich noch bei ihrem Gegenüber. Diese Distanz wird oft von beiden Beteiligten nicht bemerkt. Die Dynamik der unbeteiligten Interaktion bringt es mit sich, dass viele, die eine ZWEI, DREI oder VIER begleiten, diese als oberflächlich oder langweilig empfinden. Erst wenn die beschriebene Dynamik erkannt und berücksichtigt wird, kommen Tiefe und Lebendigkeit ins Gespräch.

Die Funktionen

Für die ZWEI, DREI und VIER spielt das Tun die entscheidende Rolle. Von hier aus entwickeln sich zahlreiche ihrer

Zwänge. Die Funktion des Fühlens, die sie in der gegenwärtigen Realität verwurzelt, ist ihr am wenigsten zugänglich. So versäumt sie es oft, im Jetzt, im Augenblick zu leben. Bei sich selbst und damit auch bei anderen zu Hause zu sein ist eine wichtige Lebensaufgabe für sie, ja, es ist für sie eine Metapher für den spirituellen Weg der Umkehr überhaupt. Wenn sie nach Hause kommt, kommt sie zu Gott, der in ihr wohnt. Je mehr sie die Erfahrung lernt, selbst in sich präsent zu sein, desto mehr erfährt sie die Präsenz Gottes.

Eine Hilfsfunktion für die ZWEI, DREI und VIER ist die Wahrnehmung. Die Wahrnehmung wandelt sich regelmäßig zur Reflexion, zum Rückbezug auf vergangene Ereignisse, ob diese nun viele Jahre zurückliegen oder nur eine Stunde. Im Gegensatz zum analytischen Urteilen, das scharf und ergebnisorientiert erscheint und auf jede Frage eine Antwort und für jedes Problem eine Lösung verlangt, lässt die Reflexion die Vergangenheit sanft und allmählich an die Oberfläche kommen, wo sie dem Nachsinnen offensteht. Dabei geht es nicht um Ergebnisse, sondern um ein besseres Verständnis dessen, was ist. Diese kontemplative Haltung offenbart, was der ZWEI, DREI oder VIER oft verborgen bleibt: ihre volle, gefühlsmäßige Reaktion auf das Leben.

Reflexion ist aber noch etwas anderes als Erinnerung. Erinnerung bedeutet oft Schwelgen in Tagträumen und Übertreibungen. Die banale Wirklichkeit wird schöngefärbt, die Vergangenheit verklärt oder abgetan. Wirkliches, reflektierendes Sich-Erinnern bedeutet, mit geschärfter Wahrnehmung in die Vergangenheit zurückzugehen, genauer zu spüren und zu fühlen als in der erinnerten Situation selbst, in der die Wahrnehmung durch den Mangel an Gegenwärtigsein getrübt war.

„Gestern hab ich mich wieder von ihr überfahren lassen, wie üblich. Ich habe es überhaupt erst am Abend gemerkt. Sie

wissen ja, wie ich mich reinziehen lasse, wie ich immer mitmache und gar nicht merke, was passiert, alles läuft automatisch ab. Na ja, es ist eben wieder einmal passiert."

Für jemanden, der eine ZWEI, DREI oder VIER begleitet, ist es wichtig, den Unterschied zwischen Reflexion und bloßem Berichten zu beachten. Das Merkmal, das die beiden unterscheidet, ist das Gefühl. Einem Menschen zu ermöglichen, einfach und ohne Anstrengung aus der Vergangenheit zu schöpfen, statt die vergangenen Ereignisse zu analysieren, lässt seine Gefühle an die Oberfläche steigen. Oft kommt ein Mensch mit diesen Gefühlen nur durch die Körper- oder Verhaltensfunktion in Tuchfühlung. Körperempfindungen sind einer ZWEI, DREI oder VIER leicht zugänglich. Sie sind der Königsweg zu den Emotionen, denn zu Körperempfindungen finden die meisten Menschen durch einfaches Nachfragen Zugang, zu einer unmittelbaren Erfahrung von Gefühlen jedoch nicht. Auf die Frage: „Was fühlen Sie gerade?" bekommt man oft ein bloßes Abziehbild präsentiert, wenn man nicht verlegenes Schweigen erntet. Die ZWEI, DREI oder VIER weiß oft nicht, welche Gefühle sie hat, außer dass sie innerlich aufgewühlt oder durcheinander ist.

Auf ihr Körperempfinden einzugehen und zu fragen, ob sie gut zentriert ist oder „neben sich" steht, ob sie sich locker oder verspannt fühlt, eröffnet einen Zugang zu den Emotionen, die bei der ZWEI, DREI und VIER diese körperlichen Reaktionen hervorrufen. Der Körper registriert Schmerz, Traurigkeit, Zorn oder Angst, der direkten Wahrnehmung und Einsicht sind diese Emotionen jedoch nicht zugänglich. Physische Symptome können bei allen Menschen ein Ausdruck des emotionalen Zustandes sein, bei der ZWEI, DREI oder VIER aber sind sie manchmal die einzige Möglichkeit, an die emotionale Reaktion heranzukommen. Ein Begleiter, der die Aufmerksamkeit nicht nur auf das Vorhandensein von körperlichen Symptomen richtet, sondern auch danach fragt, um welche Symptome es sich handelt und auf welche Weise sie den inneren Zustand repräsentieren, kann sehr hilfreich sein.

> *„Wir sprachen über meine Schulterschmerzen. Ich beschrieb, wie sie sich anfühlten, und hörte mich selbst sagen, dass ich mich irgendwo innen drin immer aus der Gegenwart herausschubse. Dann spürte ich, wie sich mein Nacken nach hinten bewegte, genau über die Schultern, und der Schmerz war auf der Stelle verschwunden. Ich strenge mich immer zu sehr an und mache zu viele Pläne. Ich muss mich öfter entspannen."*

Den Körper zu befragen kann der Hysterie vorbeugen, die bei ZWEIern, DREIern und VIERern häufig vorkommt. Es geht hier um Hysterie im klinischen Sinn, also um psychosomatische Beschwerden, die einen inneren Konflikt widerspiegeln. Aber auch der umgangssprachliche Gebrauch des Wortes „Hysterie" trifft zu, im Sinne einer oft von Tränen der Angst oder der Enttäuschung begleiteten Panik, unter der die ZWEI, DREI oder VIER häufig leidet. Die freischwebende Angstenergie muss sich niederschlagen und einen Ort finden, damit die ZWEI, DREI und VIER funktionieren, also „überleben" können, wie sie selbst manchmal sagen. Die Angstenergie schlägt sich nieder in Symptomen und Beschwerden, aber auch in düsteren Fantasien und Zukunftsvisionen.

Wer ZWEIer, DREIer oder VIERer begleitet, muss wissen, dass er durch diese wild gewordene innere und äußere Aktivität hindurchstoßen muss. Das ist nicht einfach, insbesondere weil sie mit steigender Ängstlichkeit oft immer unfähiger scheinen, sich zu beruhigen und die Aufmerksamkeit auf das zu richten, was hinter einer konkreten Erfahrung stehen könnte. Es gibt ja so viel bessere Möglichkeiten, die Zeit zu nutzen. Da ist die Arbeit, die nicht wartet, da sind wichtige Aufgaben, die gerade jetzt nicht liegen bleiben dürfen. Oder, etwas raffinierter, die endlosen Analysen, denen die vage Hoffnung zugrunde liegt, dass innere Aktivität Ursachen und Lösungen für die vorhandenen Probleme bieten könnte.

Der Umgang mit Methoden

Es ist problematisch, einer ZWEI, DREI oder VIER psychologische Methoden zu empfehlen, die dazu dienen, die Aufmerksamkeit zu fokussieren und den Blick auf das Innenleben zu richten. Methoden sind nämlich Wege, um etwas zu tun, und deshalb führen sie leicht dazu, dass die ZWEI, DREI oder VIER wieder in der Sackgasse der Aktivität landet. Aktive Imagination, angeleitet oder nicht, führt häufig zu nicht mehr als einer guten Show für sie selbst und den Begleiter. Jede Methode, die mit dem Erzählen der persönlichen Geschichte arbeitet, wird die Neigung des Begleiteten verstärken, Geschichten zu inszenieren, und zwar umso mehr, je mehr er in seinen Zwängen verstrickt ist.

Begleiter vom Muster ACHT, NEUN und EINS werden vielleicht emotional berührt sein von den Erinnerungen einer ZWEI, DREI oder VIER. Zu benennen, wodurch man angerührt worden ist, würde wohl bei jedem Menschen eine emotionale Reaktion auslösen. ZWEIer, DREIer oder VIERer scheinen in der geistlichen Begleitung jedoch oft weniger berührt als der Begleiter, und zwar deshalb, weil sie eher ein Theaterstück aufführen als sich wirklich der Erfahrung auszusetzen.

Für FÜNFer, SECHSer und SIEBENer kann es sehr hilfreich

sein, wenn ihre persönliche Geschichte durch das Schreiben eines Lebenslaufs oder durch das Protokollieren bestimmter Erinnerungen aufgewertet wird. Begleiter, die dieser Triade angehören, neigen deshalb manchmal dazu, ihrem Gegenüber ein solches Vorgehen zu empfehlen. Häufig verfasst die ZWEI, DREI oder VIER dann einen lebhaften und ausführlichen Bericht. Diesem Bericht fehlt aber die Substanz, die bei der direkten Arbeit mit Emotionen zum Vorschein kommt.

Traumarbeit reduziert sich leicht auf ein Wiedergeben der Trauminhalte, wobei im Hintergrund ständig die Frage mitläuft: „Und was kann ich damit anfangen, was kann ich tun?" Gestalttechniken, bei denen sich die Begleiteten etwa mit bestimmten Objekten identifizieren, also beispielsweise so reden, als seien sie ihre Hand oder ihr Stift oder irgendein anderes konkretes Objekt, führen oft zu interessanten Dialogen, lösen bei ZWEIern, DREIern und VIERern aber wenig emotionale Bewegung aus. Nichts wird berührt, nichts verändert.

Die einzige Methode, die bei der ZWEI, DREI oder VIER möglicherweise greift, ist das von dem Psychologen Eugene Gendlin entwickelte Focusing. Bei dieser Methode zur Zentrierung bzw. zur Empfindung wird der Körper nach Antworten gefragt. Der Körper wird gewissermaßen gebeten, über seine Erfahrung zu sprechen. Nach dieser Bitte an den Organismus wartet man ohne weitere eigene Aktivität einfach ab. Wenn sich eine ZWEI, DREI oder VIER auf Gendlins Anweisungen einlassen kann, stößt sie oft zum Gegenwärtigsein vor. Focusing ermöglicht, „etwas zu tun", dieses Tun reduziert jedoch eher die Aktivität und überlässt dem Körper die Führung.

Die ZWEI, DREI oder VIER ist ihrem Leben immer ein Stück voraus. Deswegen sieht sie oft nicht, was in der Gegenwart abläuft. Ihren Blick hinzulenken auf die Farben, Gegenstände und Menschen, die gerade da sind, hilft ihr, im Hier und Jetzt anzukommen. Zu einer Intensivierung dieses Seins in der Gegenwart tragen zusätzlich zum Gesichtssinn die anderen elementaren Sinne bei. Indem sich die ZWEI, DREI oder VIER beständig auf die Sinneswahrnehmungen fokussiert, lässt sie sich von ihrem Körper in die Wahrnehmung der Gegenwart führen. Der Tonfall, die Wortwahl, ein Geschmack oder Geruch und die Erinnerungen, die sie wecken, können diese Wahrnehmung der Wirklichkeit vertiefen.

Vor allem aber körperliche Berührung kann dazu führen, dass der Mensch in Tuchfühlung mit sich selbst kommt. Es ist wichtig, dass diese Berührung kein verzweifeltes oder ängstliches Zupacken oder Festklammern ist, sondern aus freier Entscheidung ohne Zwang erfolgt. Vor allem für ZWEIer ist es wichtig, den Unterschied zu lernen zwischen einer festen, vereinnahmenden Umarmung und der Möglichkeit, mithilfe der Hände etwas über die persönliche Realität zu lernen.

> *„Ich nahm ihren Brief und hielt ihn in der Hand. Mir fiel auf, wie rau und hart das Papier war. Es fühlte sich so hart an wie die Worte, die sie darauf geschrieben hatte. Ich hatte das Gefühl, dass sie mich innerlich ganz wund rieben."*

Wer einer ZWEI, DREI oder VIER einen Vorschlag unterbreitet, muss sich einer Sache bewusst sein: Sie wird sich bereit, ja begierig zeigen, durch jeden Reifen zu springen, den man – tatsächlich oder vermeintlich – vor ihr hochhält. Sie legt Wert auf guten Kontakt, sie möchte ihre Sache gut machen, einen guten Eindruck erwecken und in der Überzeugung nach Hause gehen, dass die Sitzung ein Erfolg war und der Begleitende zufrieden und in Harmonie mit ihr ist. Auf diese Weise kann sie mit sich selbst zufrieden sein. Sie merkt vielleicht nicht einmal, dass sie einfach das Plansoll erfüllt und nichts weiter. Beim Rückblick auf die Sitzung wird der Begleiter vielleicht spüren, dass eine Menge Aktivität stattgefunden hat, auf irgendeiner tieferen Ebene sich jedoch nur wenig ereignet hat.

Wenn die Sitzung auf dieser Handlungsebene stecken bleibt, helfen Methoden nicht mehr weiter. Als Einziges kann der Begleiter sein Gegenüber dazu bringen, hier und jetzt seinen Körper zu befragen. Was sieht er in diesem Moment? Was hört der Begleiter in der Stimme seines Gegenübers und in seiner eigenen? Was sagen die Körperhaltungen des Begleiters und des Begleiteten aus? Welche Wahrnehmung hat der andere jetzt gerade in seinem Körper und welche Bedeutung hat diese Wahrnehmung für ihn? Dem Körper sollte eine Zeit des Schweigens gegeben werden, in der er seine eigene Antwort finden kann.

Zur Erinnerung: Hier ist die Rede von „unerlösten" ZWEIern, DREIern und VIERern. Je bewusster Begleitete aus dieser Triade diesen instinktiven Trieb zur Aktivität wahrnehmen und annehmen, desto freier werden sie davon und desto offener werden sie für unterschiedliche Zugänge nach innen. Das ist über Traumarbeit möglich, über innere Dialoge, aktive Imagination, Malen oder irgendeine andere Methode. Der unbewusste Drang, in die beschriebene Falle zu tappen, bleibt gleichwohl vorhanden. Eine ZWEI, DREI oder VIER wird diesem Drang immer wieder nachgeben, wenn sie unter Stress steht oder in eine Krise gerät.

ZWEIer, DREIer und VIERer und ihre Schuldgefühle

Alle Menschen, gleich unter welchem Blickwinkel sie das Leben betrachten, machen die Erfahrung von Schuld. In welcher Form treten die Schuldgefühle bei der ZWEI, DREI und VIER auf? Sie sind dem Bereich des Tuns zuzuordnen und kreisen immer um das Thema der Beziehungen zu anderen Menschen. Menschen dieser Triade fühlen sich verantwortlich für alles, was in ihrer Umwelt geschieht. Es darf keine Not herrschen, kein Konflikt; es darf nicht sein, dass sich jemand einsam oder verlassen oder von Beziehungen abgeschnitten fühlt. Menschen vom Muster ZWEI, DREI und VIER geben sich die Schuld, wenn sich irgendjemand doch so fühlt. Sie hätten mehr tun müssen, sie hätten die Situation, die Menschen, die Dynamik, die Not besser wahrnehmen müssen. Auf einer oberflächlicheren Ebene hat das Schuldgefühl oft mit der Frage nach dem Image zu tun. Was werden die Leute sagen? Was werden sie denken? Wie werde ich dastehen?

> *„Ich hatte Schuldgefühle, weil ich mit Michael schlief. Dann habe ich einmal versucht, mir vorzustellen, wie ich im Gebet Gott gegenüberstehe, und war völlig überrascht, dass es dabei keine Probleme gab. Ich wusste, dass Gott sowieso alles sieht, und spürte mich angenommen. Und ich fragte mich: Warum habe ich dann Schuldgefühle? Wer wollte meinen Lebensstil nicht akzeptieren? Plötzlich erschien vor meinem inneren Auge meine Mutter und mir wurde klar: Sie ist es. Sie war nicht einverstanden. Mit Gott hatte das alles gar nichts zu tun.“*

Schuld steht hier in Zusammenhang mit Aktivität, damit, was ein Mensch getan oder versäumt oder falsch gemacht hat. Werden Menschen vom Muster ZWEI, DREI und VIER kontemplativer und kommen sie im Prozess der Umkehr weiter, lassen sie die eindimensionale Sichtweise zunehmend hinter sich und beginnen, das Leben nicht mehr nur in Kategorien von Tun und Verhalten zu betrachten. Sie entdecken das schlichte Gegenwärtigsein. Sie lernen, einfach da zu sein, statt ständig zu agieren, und erkennen, dass sie mit ihrer Aktivität oft nur ein Gefühl der Unzulänglichkeit auf der existenziellen Ebene überdecken. Auf dem Weg der Umkehr geht es nicht mehr darum, dass ZWEIer, DREIer und VIERer nicht getan haben, was richtig gewesen wäre. Ihre Schuld besteht für sie nicht mehr darin, was sie nicht *getan*, sondern was sie zu *sein* versäumt haben, weil sie zu sehr mit dem Oberflächlichen und Äußerlichen beschäftigt waren.

Die Folge ist entsetzliche Scham. Oft versetzt gerade diese schockierende Erkenntnis eine ZWEI, DREI oder VIER in einen Zustand der Stille. Dort gibt es keine Antworten, dort wird sie überwältigt von dem Bösen, das sie gegen ihr eigenes Wesen begangen hat. Hier beginnt sie zu erkennen, dass sie auch andere mit derselben mangelnden Sensibilität behandelt hat wie sich selbst. An diesem Punkt angelangt, kann die ZWEI, DREI oder VIER wirklich von der spirituellen Begleitung profitieren. Der Hang, Inkompetenz und Unzulänglichkeit mit Aktivität zu überdecken, bleibt freilich nach wie vor bestehen. Der Wechsel vom Handeln zum Sein und wieder zum Handeln lässt in dem Begleiter bei seiner Arbeit mit einer ZWEI, DREI oder VIER oft ein Gefühl von Aktionismus entstehen, selbst wenn diese erlöst ist.

Unabhängigkeit

Manchmal entsteht bei der Arbeit mit einer ZWEI, DREI oder VIER eine weitere Dynamik, und zwar ihr eigenartiges Gefühl, im Hinblick auf Wertschätzung und Bestätigung von anderen unabhängig und zugleich abhängig zu sein. Einerseits halten ZWEIer, DREIer und VIERer an der Kontrolle über ihr Leben und ihrer Erfahrung fest. Andererseits scheinen sie mehr als andere Muster auf andere Menschen angewiesen zu sein, besonders wenn es um Anerkennung ihrer selbst geht. Zum ersten Eindruck von Unabhängigkeit trägt bei, dass die ZWEI, DREI oder VIER ihre Meinung lautstark äußert und offenkundig selbstsicher agiert. Worum geht es aber genau bei dieser Dynamik, aus der diese Sicherheit im Selbstausdruck entsteht? Felsenfeste Behauptungen stehen ja oft nicht für felsenfeste Überzeugungen, auch wenn das so aussieht.

Nachdem das Lebensthema der ZWEI, DREI und VIER darin besteht, eine Reaktion zu erzielen, meinen sie, jederzeit zur Aktion bereit sein zu müssen. Für dieses Bereitsein müssen sie ständig ihre Innen- und Außenwelt bewerten, taxieren, beurteilen und ihre Prioritäten setzen. Dieses Einschätzen führt zu Entscheidungen, aus denen das Handeln folgt. Sobald ZWEIer, DREIer und VIERer ihre Entscheidung getroffen haben, fangen sie an, ihren Bewertungen und Urteilen gemäß zu handeln. Dazu scheinen sie gefestigt, entschlossen und zuversichtlich genug zu sein. Entschlusskraft und Zuversicht sind auch durchaus vorhanden, allerdings in geringerem Maß, als sie vorgeben.

Die Gefühlstypen ACHT, NEUN und EINS streiten schnell mit der ZWEI, DREI oder VIER über deren Überzeugungen. Die Kopftypen FÜNF, SECHS und SIEBEN ziehen sich eher zurück von Menschen, die keine Fragen stellen und ständig aktiv sind. Begleiter sollten sich Folgendes klarmachen: Die Haltung einer ZWEI, DREI oder VIER und ihr Verhalten werden leicht von der Meinung anderer, besonders von Missbilligung oder Opposition beeinflusst. ZWEIer, DREIer und VIERer fällen ihre Entscheidungen und handeln meist sehr schnell. Deshalb ändern sie ihre Meinung und ihr Tun aufgrund der Reaktion anderer ebenso leicht. Da sie wenig investiert haben, fällt es ihnen auch nicht schwer, ihre Entscheidung anzupassen oder ganz aufzugeben.

Begleiter müssen die Überzeugungen hinterfragen, die ihnen eine ZWEI, DREI oder VIER präsentiert, besonders im Hinblick auf die Gefühlskomponente, wenn sie überhaupt vorhanden ist. An der Tiefe des Gefühls, das eine angebliche Überzeugung begleitet, lässt sich ablesen, wie tragfähig diese Überzeugung tatsächlich ist. Begleiter vom Muster ZWEI, DREI und VIER können aufgrund ihrer ähnlichen unbewussten Struktur die plötzlichen Modifikationen und Kehrtwendungen ihres Gesprächspartners besser verstehen und werden darüber weniger erstaunt sein.

2. Kapitel

Die Begleitung einer ZWEI

ZWEIer werden häufig als „Retter" bezeichnet. Das „Retten" nimmt in den Beziehungen einer ZWEI vielfältige Formen an; natürlich kommt es auch in der spirituellen Begleitung vor. Wenn jemand unglücklich über sich selbst ist oder sich einsam und isoliert fühlt, ist die ZWEI zur Stelle, um das zu ändern. ZWEIer führen häufig innere Dialoge über die Wichtigkeit, positiver zu denken und aus ihrer schlechten Stimmung herauszukommen. Sie klagen sich selbst an, wenn sie anderen gegenüber Zorn oder Ärger empfinden. Diese Selbstgespräche erinnern an die der EINS, nur dass sie nicht in vorwurfsvollem, zänkischem Ton ablaufen, sondern ruhiger, als gebe die ZWEI sich selbst gute Ratschläge.

Von anderen wünschen sich ZWEIer dieselbe positive Einstellung und wollen sie darin bestärken. ZWEIer wollen anderen Menschen (und auch sich selbst) ihrer Meinung nach sinnlose Erfahrungen ersparen. In der spirituellen Begleitung kommt diese Taktik darin zum Ausdruck, dass die ZWEI gegenüber ihrem Begleiter bisweilen schmeichlerische Bemerkungen fallen lässt, und zwar besonders bei gespannter Atmosphäre. Mit solchen Bemerkungen versucht sie, den Begleiter davon abzuhalten, einem für sie schwierigen Thema weiter nachzugehen. Die ZWEI möchte einerseits zeigen, dass sie dem Verlauf der Sitzung zustimmt, zum anderen signalisiert sie damit aber indirekt und häufig unbewusst, wie unbehaglich sie sich fühlt.

Diese Dynamik führt dazu, dass Begleiter es oft schwierig finden, durch die Oberflächlichkeit zum Begleiteten zu gelangen, der sich häufig mit bloßem Erzählen von Äußerlichkeiten aufhält. Am besten reagiert man auf diese Vermeidungshaltung, indem man die ZWEI darauf hinweist, was gerade abgelaufen ist, und es ihr überlässt, wie sie mit dieser Beobachtung umgeht. Oft merken ZWEIer gar nicht, was sie tun. Wenn ihnen ein Spiegel vorgehalten wird, können sie ihre Angst vor dem Unangenehmen leichter erkennen.

Um sich nicht mit ihren Gefühlen auseinandersetzen zu müssen, entwickeln ZWEIer manchmal eine Art Fürsorglichkeit für ihren Begleiter. Plötzlich rückt dieser in den Mittelpunkt des Gesprächs. Die ZWEI fragt beispielsweise nach, ob der Begleiter müde oder krank ist oder wie es seiner Familie geht. Oder sie kommentiert irgendein Thema, für das sich der Begleiter früher einmal interessiert hat. Damit will die ZWEI entweder das Thema der Sitzung abwehren oder unbehagliches Schweigen ausfüllen. Auch Humor kann der Abwehr dienen. Eine witzige Bemerkung oder der Bericht über einen amüsanten Zwischenfall lenkt von dem Schmerz und der Trauer ab, die die ZWEI nicht anschauen will. Häufig meinen ZWEIer, nicht genügend innere Kraft zu haben, um sich ihrer eigenen und der dunklen Seite anderer Menschen zu stellen. Lieber ein bisschen lachen und schon ist alles wieder gut.

Viele Probleme, mit denen sich ZWEIer in Beziehungen herumschlagen, resultieren aus ihrer Neigung, anderen gute Ratschläge zu geben. Eine ZWEI diskutiert liebend gern mit anderen über deren Probleme. In der spirituellen Begleitung empfiehlt es sich, darauf zu achten, ob die ZWEI jemanden gegen dessen Willen mit ihrer Weisheit bedrängt. Mit ihren Worten und ihrem Handeln will die ZWEI andere darüber belehren, wie sie zu sein, was sie zu fühlen und wie sie sich zu verhalten haben. Schließlich will die ZWEI ja nur helfen und ihre guten Absichten sollten ihrer Überzeugung nach jedem klar vor Augen liegen, der nur ein wenig sensibel und wohlwollend ist. Wenn andere auf ihre Fürsorge nicht uneingeschränkt positiv reagieren, ist die ZWEI verwirrt und verletzt.

> *„Ich verstehe einfach nicht, wie mein Mann es fertigbringt, die Kinder sich selbst zu überlassen. Und das sage ich ihm auch. Sie sind wunderbare Kinder und sie brauchen uns, sie brauchen uns beide. Ich frage mich, was geschehen würde, wenn sie in Not geraten und keiner da ist, um ihnen zu helfen."*

Die Einstellung, sich um andere zu kümmern, ist für die ZWEI so fundamental, dass sie gar nicht auf die Idee kommt, ihre Hilfe könnte unerwünscht sein. Scherzhaft gesagt: Woran erkennt man den Einsatz einer ZWEI? Am gehetzten Blick der anderen. Eine ZWEI mit entwickeltem Bewusstsein und gereifter kontemplativer Einstellung erkennt diesen gehetzten Blick in den Augen der Menschen, denen sie ihre Zuwendung und ihre wohlmeinenden Ratschläge zukommen lassen will.

Richard Riso schreibt über die ZWEI: Augustinus empfiehlt uns, zu lieben und dann zu tun, was wir wollen. Eine ZWEI tut im Namen der Liebe, was sie will. Dieser Unterschied tritt in der spirituellen Begleitung zutage, ebenso die virtuose Selbsttäuschung der ZWEI, ihr gnadenloses Unabhängigkeitsstreben und ihr Kontrollbedürfnis.

Durch jeden dieser Mechanismen versucht die ZWEI unbewusst und instinktiv, den Begleiter von sich fernzuhalten. Aufgabe des Begleiters ist es in dieser Situation, ohne jegliches Urteil der ZWEI die Dimension der Erfahrung vor Augen zu führen. Dadurch kann der Begleiter das Unabhängigkeitsstreben der ZWEI nutzen und ihr selbst die Entscheidung überlassen, ob sie das Verschließen der Augen aufgeben und ihr Verhalten anschauen will. Der Begleitete muss sehen lernen, dass er sich selbst auf der Ebene seiner Gefühle und Bedürfnisse im Stich lässt.

In dieser Situation braucht die ZWEI nichts als die Anwesenheit des Begleiters. Wenn sie nicht länger leugnen kann, wie sie ihr Leben lang mit sich selbst und anderen umgegangen ist, will sie vor dieser Erkenntnis meist davonlaufen. Ihre Ratschläge und ihre Hilfsbereitschaft, über die sie sich bisher definiert hat, erscheinen ihr nun als Ausflucht, um den Tatsachen nicht ins Gesicht sehen zu müssen. Der Begleiter darf die ZWEI jetzt nicht im Stich lassen und keinesfalls ihre Verdrängungsversuche oder Beurteilungen unterstützen. Das Gegenwärtigsein des Begleiters wird zum Vorbild für das Gegenwärtigwerden des Begleiteten.

Die ZWEI kommt durch andere Menschen zu Gott, in den Worten anderer Menschen hört sie Gott sprechen. In der Ehrlichkeit des Begleiters in Verbindung mit einer nicht verurteilenden Haltung kann die ZWEI einen annehmenden Gott entdecken. Liebe sieht sie nicht länger als eine Aufgabe für das Ego oder als Aufbau eines positiven Selbstbilds. Schrittweise werden die Schranken der Selbsttäuschung abgebaut.

> *„Wenn ich Ihnen in die Augen schaue, entdecke ich die ganze Traurigkeit, die ich bei mir nicht zugeben will. Ich kann Sie gar nicht anschauen. Sie zeigen mir, wie wenig ich auf mich höre."*

Häufig nimmt die ZWEI die Rolle des leidenden Märtyrers ein: „Nicht ich sündige gegen euch, ihr versündigt euch an mir. Ich bin immer da und kümmere mich um alles, auch wenn das sonst keiner tut." Viel vom Zorn der ZWEI resultiert aus der Tatsache, dass keiner ihre guten Absichten sieht und anerkennt. Außer Schmerz und Trauer verleugnet die

ZWEI auch noch ihren Zorn und ihre Aggression. Werden ihre feindseligen Gefühle gesehen und akzeptiert, erlebt sie gewöhnlich einen kurzen, aber heftigen Temperamentsausbruch. Solange sie ihren Zorn verdrängt, durchzieht ein vorwurfsvoller Schmerz ihre Beziehungen, einschließlich der zu ihrem spirituellen Begleiter.

> *„Manchmal frage ich mich, ob Sie überhaupt ahnen, wie wichtig es ist, was ich tue. Ich kann nicht einfach damit aufhören. Wenn ich nicht zupacke, tut es keiner. Niemand kümmert sich darum. Sie sagen mir dauernd, ich solle auf meine eigenen Bedürfnisse achten, aber wie soll ich das machen?"*

Das Aufblähen ihres Egos führt nicht nur zu dieser vorwurfsvollen Rechtschaffenheit, sondern spielt auch in andere Themen der ZWEI hinein. Wird ihre Einsamkeit und Leere erst einmal zum Thema, erkennt die ZWEI häufig, dass sie mit ihrem Versuch, allen alles zu sein, ihre Begegnungen mit anderen zu flüchtigen Aufeinandertreffen hat verkommen lassen, bei denen sie überhaupt nicht anwesend war. Das Ergebnis ist Erschöpfung, die die ZWEI an ihre persönlichen Grenzen führt. Versteht sie die Botschaft dann noch immer nicht, wird sie irgendwann von psychosomatischen Beschwerden gezwungen, ihr Tempo zu verringern. Ihr Körper beginnt zu rebellieren. In all dem wird ihre Unfähigkeit deutlich, für ihre eigenen Bedürfnisse zu sorgen, und häufig muss das Nein, zu dem sie selbst nicht fähig ist, von außen gesetzt werden.

Zum zwanghaften Verhalten der ZWEI gehört es, sich zu entschuldigen. Alles scheint der ZWEI leidzutun: nicht nur was sie versäumt hat zu *tun*, sondern auch, was sie nicht *ist*. Im Namen der Liebe setzt sie sich bis zum Letzten ein. Das sollte eigentlich genügen, doch ihr reicht selbst das noch nicht. Wenn ihr Mut und ihre Bereitschaft, sich ehrlich auf den Weg der Umkehr zu begeben, groß genug sind, wird sie irgendwann die Lüge erkennen, die ihre Wurzelsünde heraufbeschworen hat. Die ZWEI hat mit ihrer zur Schau getragenen Fürsorge nicht nur die anderen getäuscht, sondern sie hat all das getan, um zu verbergen, wie sie sich selbst tatsächlich fühlt. Durch ihr zwanghaftes Verhalten konnte sie der tiefen Angst entkommen, nicht zu genügen. Allmählich geht ihr auf, dass sie ihren Mangel an Sein ständig mit Tun zugedeckt hat.

An diesem Punkt muss der Begleiter zuverlässig bei seinem Gegenüber bleiben und Vertrauen in Beständigkeit vermitteln. Vermutlich ist dazu verbaler Zuspruch weniger geeignet, sondern eher geduldiges Warten, solange sich die ZWEI wieder und wieder in Aktivitäten flüchtet, wie sie es schon immer getan hat.

Bestätigungen sind schnell zugesagt, das weiß jede ZWEI. Irgendwann lernt sie, verbalen Bestätigungen bei sich selbst und konsequenterweise auch bei anderen zu misstrauen. Wenn der Begleiter sie trotzdem nicht aufgibt und sie zu einer Form von Miteinander führt, das der ZWEI angenehmer und fruchtbarer erscheint als das, was sie selbst bisher zu bieten hatte, dann lernt sie mit der Zeit vielleicht auch, bei ihren eigenen Erfahrungen zu bleiben. So kann die ZWEI den Schmerz darüber, dass sie ihr Spiel von Feigheit und Flucht sehenden Auges immer und immer wieder aufführt, schließlich aushalten und eines Tages annehmen.

3. Kapitel

Die Begleitung einer DREI

Das durchgängige Thema für die DREI ist der Erfolg. Eine DREI braucht das Gefühl, erfolgreich zu sein; sie möchte in den Augen anderer unbedingt ausgeglichen und zuversichtlich erscheinen. Um das zu erreichen, opfert sie ihre Verletzlichkeit. Jegliche Einschränkung empfindet sie wie Risse in ihrem Leben, in ihrem Tun und in den Ergebnissen ihres Handelns. Schlimmer noch, diese Risse verweisen auf einen tiefergehenden Riss auf der Ebene des Seins. Ihr Inneres ist für die DREI ein Rätsel. Unabgeschlossene Handlungen weisen auf ein Scheitern jenes unbekannten und flüchtigen Wesens, aus dem sich die Aktivität einer DREI speist.

Die DREI hat Angst davor, sich selbst zu bemitleiden. Gelegentlich befürchtet sie, durch eine abwertende oder depressive Einstellung sich selbst gegenüber könnte sie handlungsunfähig werden. Wenn sie sich darauf einließe, über ihre Befürchtungen nachzudenken, würde sie weniger gut funktionieren. Eine zu intensive Beschäftigung mit ihrer Inkompetenz und ihren Fehlern könnte sie zur Untätigkeit verurteilen.

Die Angst vor Selbstmitleid hat noch einen weiteren Grund. Wenn sich die DREI nicht als kompetent und fähig erweist – beides Bezeichnungen, die sie gerne für sich in Anspruch nimmt –, ist das für sie selbst ein Anzeichen dafür, dass sie nicht in der Lage ist, ihr Leben selbst in die Hand zu nehmen. Wenn sie aber nicht in der Lage ist, ihr Leben zu meistern, weist das auf ein Defizit hin, das ihr unbewusst bleibt, sie aber quälend verfolgt. Dieses Defizit betrifft den innersten Kern ihrer Persönlichkeit. Auf dieser Ebene steht die DREI sich selbst wie einem Fremden gegenüber.

Dieser Mensch, den sie nicht kennt, der aber dennoch in ihrem Inneren wohnt, hat für die DREI mehr Wirklichkeit als für die ZWEI, die bereits die Existenz eines von ihrem Helfersyndrom getrennten Selbst infrage stellt und ihr Inneres manchmal als hohl oder leer beschreibt. Die DREI akzeptiert normalerweise die Existenz eines Innenraums, sie fühlt in der Regel auch irgendeine Beziehung zu ihrem Inneren. Diese Beziehung nimmt sie wie die Beziehung zu einem anderen Menschen wahr. Trotzdem spürt sie wenig Verbindung zu diesem inneren Selbst. Bestenfalls ist es für sie ein unbekanntes Wesen, dessen Vorhandensein sie aus Beobachtungen ihres sichtbaren Verhaltens erschließt. Schlimmstenfalls ist es ein eingesperrtes Ungeheuer, das in unvorhersehbaren Launen, schrecklichen Wutausbrüchen oder Fluchtreaktionen immer wieder hervorbricht.

Dieses Innere erweist sich manchmal als nicht beherrschbar. Eine unerlöste DREI sieht ihr Inneres nicht wie einen engen Freund, sondern wie einen entfernten Bekannten. Sie weiß nicht, wie sie dieses Selbst in ihrem Inneren einschätzen und bewerten soll. Zudem könnte die Arbeit „draußen" liegen bleiben, wenn sie sich zu sehr damit beschäftigt, mit sich selbst in Kontakt zu treten. Damit würde eine zuverlässige Basis für die Selbsteinschätzung fehlen. Die DREI könnte womöglich nicht mehr erkennen, ob sie Fortschritte macht. Von dieser Sichtweise bleibt auch die spirituelle Begleitung nicht unberührt. Die DREI sucht instinktiv immer nach Ergebnissen oder Schlussfolgerungen, nach denen sie entweder sich selbst oder die Beziehung innerhalb der Begleitung bewerten kann.

Spirituelle Begleitung wirkt auf die DREI oft Furcht einflößend. Sie fühlt sich wie blind; sie versucht, Erkenntnisse zu gewinnen, ohne etwas zu sehen. Durch Herantasten und Einfühlen in ihre Körperwahrnehmung kann sie allmählich mit ihrer Innenwelt vertraut werden. Wenn sie sich in ihrem Körper spürt und Entspannung, Konzentration und Bereitschaft wahrnimmt, kann sie den Weg von der intellektuellen Analyse zum erfahrungsorientierten Verstehen gehen. Das wachsende Vertrauen in ihre körperlichen Empfindungen bringt sie in Kontakt mit ihren Gefühlen.

In Gesprächen über ihre Beziehungen zu anderen Menschen erwähnt die DREI häufig, wie oft sie nicht verstanden wird. Damit meint sie für gewöhnlich, dass die anderen sich nicht nach den Plänen richten und nicht den Anweisungen folgen, die sie ihnen mitgegeben hat. Die DREI liebt es, Aufträge zu erteilen, und geht davon aus, dass die anderen glücklich sind, Anweisungen befolgen zu dürfen. Ist das jedoch nicht der Fall und der andere bringt sein Missfallen durch fehlende Kooperation zum Ausdruck, ist die DREI überrascht und wütend.

Warum reißt sich der andere nicht zusammen und tut, was man ihm sagt? Krankheit oder Unwohlsein akzeptiert die DREI nicht als Entschuldigung. Sie gibt nicht auf, auch wenn es schwer fällt; sie funktioniert, wie widrig die Umstände auch sein mögen. Warum können das die anderen nicht auch? ZWEIer, DREIer und VIERer stellen immer wieder diese Frage: Warum sind die anderen nicht in der Lage, unter allen – auch den schwierigsten – Umständen zu funktionieren?

> *„Ich hatte sie gebeten, sich um die Konferenz zu kümmern, aber natürlich hat es nicht geklappt. Nichts lief so, wie wir es vorab besprochen hatten. Die Tagesordnung und die Materialien, die wir brauchten, lagen nicht rechtzeitig vor. Und dann war sie auch noch eingeschnappt. Dabei bin ich doch diejenige, die Grund hätte, sich aufzuregen."*

Schuldgefühle zeigen sich bei der DREI oft in der Überzeugung: Ich muss irgendetwas falsch gemacht haben, aber ich weiß nicht, was. Nachdem sie mit sich selbst nicht in Kontakt ist und sich von ihrem Muster her ständig im Mittelpunkt der Aufmerksamkeit wähnt, fürchtet die DREI, andere könnten etwas an ihr bemerken, was ihr selbst gar nicht auffällt. Selbst wenn sie sich sicher ist, nichts *falsch* gemacht zu haben, fürchtet sie, ihre Schwierigkeiten mit anderen Menschen könnten daher rühren, dass sie etwas *nicht* getan hat.

Die Schuldgefühle einer DREI hängen wie bei der ZWEI und der VIER mit Beziehungen und dem vagen Empfinden zusammen, anderen gegenüber nicht genügend präsent zu sein. Dieser Mangel weist auf eine mangelnde Präsenz sich selbst gegenüber hin. Die DREI identifiziert ihr Sein mit ihrem Tun; sie ist, was sie tut. Kritik an irgendeiner ihrer Handlungen empfindet sie als Infragestellen ihrer Existenz.

Mit zunehmendem Bewusstsein für ihre Schattenseiten ist die DREI gezwungen zuzugeben, eine wie große Rolle die Täuschung und die Lüge in ihrem Leben spielt. Als Erste täuscht sie sich selbst, weil sie es nötig hat, sich in einem überaus positiven Licht zu sehen. Immer ist sie kompetent und übernimmt Verantwortung, immer funktioniert sie – zumindest in ihren frühen Jahren muss sie sich so sehen. In dieser Zeit bildet sie ihr Ego aus und baut – immer im Blick auf die anderen – ihr Selbstbild auf. Man soll sie so sehen, wie sie sich selbst entworfen hat. Die Realität muss sich diesem Entwurf anpassen und das bedeutet, dass sie ihre Unvollkommenheit verstecken muss.

Wenn die DREI den Weg der Erlösung, der zunehmend kontemplativen Haltung bzw. der Umkehr geht oder wie sonst man den Prozess wachsender Bewusstheit und Selbstannahme auch nennen mag, kommt die Dynamik ihrer Täuschung mehr und mehr ans Licht. Zu Beginn versucht die

DREI, die Lüge gegen eine unbarmherzige Suche nach Authentizität einzutauschen. Sie ist stolz darauf, wie geradlinig sie sich selbst und anderen begegnet. Dieses unbedingte Streben nach vollkommener Ehrlichkeit kann schroffe Züge annehmen. Dahinter verbirgt sich Zorn, aus dem heraus die DREI sich selbst und ihr Gegenüber attackiert. In diesem Stadium hat sie lediglich das alte falsche Selbstbild der sozialen Angepasstheit gegen ein neues, nicht minder falsches eingetauscht. Nun spielt sie die Rolle des geradlinigen, mutigen Menschen. Doch es ist immer noch eine Rolle, eine Imitation der Ehrlichkeit, die sie an anderen beobachtet.

> *„Ich sagte einfach zu ihm: ‚Schau, ich weiß, was du vorhast. Gib es ruhig zu!' Sie hätten ihn sehen sollen! Er ist es nicht gewöhnt, dass ihn jemand zwingt, Farbe zu bekennen."*

Dass die scheinbare Authentizität wieder nur Pose bzw. eine aufgesetzte Rolle ist, lässt sich daraus schließen, dass die DREI sie extrem betont. Sie will den anderen zeigen, welch hohe Stufe der Einsicht sie bereits erklommen hat. Ein solches geradezu exhibitionistisches Element in den Worten und im Handeln der DREI zeigt, dass sie mit ihren Gefühlen erst oberflächlich in Kontakt gekommen ist. Spricht sie aber ohne Publikum und unbeobachtet von anderen, einschließlich des Begleiters, mit sich selbst, kann sie zu einem Ort der inneren Bewegung und des Wandels gelangen.

Richard Riso hat die DREI als den narzisstischsten Typ bezeichnet. Gerade im Zusammenhang mit der beschriebenen überbetonten Ehrlichkeit zeigt sich dieser Narzissmus häufig. Die DREI beschäftigt sich mehr als andere Muster mit ihrem Image, sie denkt mehr über sich selbst nach. Darin gleicht sie Narziss, der sich der Sage nach in das Spiegelbild seines Antlitzes im Wasser verliebt hat. Die DREI ist jedoch nicht notwendigerweise egozentrischer als die anderen Muster, die in bestimmten Aspekten ihrer jeweiligen Realität gefangen sein können, etwa in ihrer Selbsterhaltung, ihrem Sicherheitsstreben oder in ihrer moralischen Rechtschaffenheit.

Zur narzisstischen Ausstrahlung der DREI trägt zusätzlich bei, dass sie häufig laut hinausposaunt, was in ihr vorgeht. DREIer kommentieren in der spirituellen Begleitung manchmal alles, was ihnen gerade zu ihrem Innenleben in den Sinn kommt, während andere Muster ihre inneren Regungen eher für sich behalten. Aus diesem Umstand leiten sich die Vorwürfe ab, die DREI sei selbstbezogen.

DREIer werden oft als Aufschneider bezeichnet. Tatsächlich aber versuchen sie meist nur, sich für sich selbst und ihre Beobachter bzw. Zuhörer in ein vorgegebenes Schema einzuordnen. Sie setzen sich zu anderen in ihrer Umgebung in Beziehung und versuchen so, dem inneren und äußeren Zuhörer klarzumachen, wer sie sind. Sind Freunde oder Bekannte der DREI in irgendeiner Hinsicht etwas Besonderes, meint sie, durch den Kontakt mit ihnen auch selbst irgendwie besonders zu sein. Das Aufzählen wichtiger Bekannter und die Angeberei der DREI mit Erfolgsstorys entspricht oft direkt der Tiefe ihrer Verunsicherung.

Dieser fundamentale Mangel an Selbstvertrauen ist möglicherweise das größte Hindernis auf dem Weg der DREI, sich selbst einfach so zu nehmen, wie sie ist, und sich ehrlich und aufrichtig auf den Prozess der Umkehr einzulassen. DREIer brauchen nach eigenem Bekunden in der spirituellen Begleitung am meisten eine Atmosphäre bedingungsloser, positiver Anteilnahme.

Doch in Wahrheit ist eine Atmosphäre, in der sich der Begleiter zurückzieht, auf Dauer hilfreicher und auch ehrlicher. Ein Begleiter kann kaum alles, was er an einer DREI beobachtet, aufrichtig bejahen. Ein solches umfassendes Ja braucht die DREI auch nicht wirklich. Wenn eine DREI die Anwesenheit des Begleiters tatsächlich vergisst, muss sie sich nicht länger so verhalten, wie man sich ihrer Meinung nach in dieser Situation „kompetent“ zu benehmen hat. Jetzt kann die DREI ihren Blick nach innen richten, statt sich darauf zu konzentrieren, wie sie in den Augen des Begleiters wirkt. Sie muss sich nicht länger mit der Frage befassen, ob der Begleiter etwas Bestimmtes von ihr erwartet. Stattdessen kann sie nach ihrer tatsächlichen, individuellen Erfahrung suchen.

Das Plädoyer für eine „unsichtbare“ Rolle des Begleiters bedeutet nicht, seine Wichtigkeit zu unterschätzen. Der Begleiter muss aufmerksam und präsent im Hintergrund anwesend sein. Er muss bereit sein, mit den unbekannten Ungeheuern fertig zu werden, die die DREI in der Finsternis ihres Inneren vermutet und von denen sie ständig fürchtet, sie könnten irgendwann ans Tageslicht kommen. Das ist alles, was der Begleiter anzubieten hat: einfach da zu sein, wenn sich die DREI ihren überwältigenden Ängsten stellt.

Die Befürchtung, ihren Ängsten nicht gewachsen zu sein, hält die DREI von der Innenschau ab. Der Begleiter kann ihr die Sicherheit vermitteln, dass sie wieder auf die Beine kommen wird, ganz gleich, welche inneren Tumulte sich in der Sitzung abspielen mögen. Sie kann nach Hause gehen und ihr Leben weiterführen. Indem der Begleiter diese Art von Unterstützung gewährt, ermöglicht er das für dieses Enneagrammmuster Allernotwendigste: echte Authentizität. In demütiger Aufrichtigkeit wird die DREI die Kraft finden, die sie braucht, um die Wahrheit zu erkennen, anzunehmen und zuzulassen, dass sie ihr Leben prägt.

4. Kapitel

Die Begleitung einer VIER

Beziehungen von VIERern werden von Selbstvorwürfen dominiert. Das ist von außen oft nicht zu erkennen, denn die VIER unternimmt große Anstrengungen, um ihr Grundgefühl, unrettbar verloren zu sein, vor anderen zu verbergen. Sonst, so fürchtet sie, würde die Beziehung Schaden nehmen. Der Grundton der Existenz für eine VIER ist Hoffnungslosigkeit. Sie hält es für sinnlos zu hoffen, dass irgendeine Beziehung echt sein könnte. Und selbst wenn die Beziehung echt wäre, könnte sie nicht von Dauer sein. Dass alle Beziehungen scheitern, liegt nach Überzeugung der VIER daran, dass ihr selbst etwas Wesentliches fehlt. In der Tat fehlt der VIER etwas Wesentliches, nämlich echte, konkrete Erfahrung. Doch die VIER wird sehr lange brauchen, um das zu erkennen. Die VIER ersetzt die gewöhnliche Realität durch übertriebene Emotionalität. Sie fürchtet, im anderen Fall den Sinn ihrer eigenen Existenz und auch die Beziehungen zu anderen nicht mehr wahrnehmen zu können. Oft haben VIERer recht mit ihrer Einschätzung, dass dauerhafte Beziehungen unmöglich sind. Die Atmosphäre von Unwirklichkeit, die sie umgibt, vertreibt die Menschen aus ihrer Nähe.

Die VIER ist sich sicher, dass das Einzige, was im Leben zählt, die Beziehung zu anderen ist; diese Einschätzung teilt sie mit allen Menschen der Triade ZWEI, DREI und VIER. Für sie selbst und auch für den Beobachter von außen ist diese oberste Priorität allerdings nicht immer offensichtlich. Vielmehr scheint sich die VIER selbst zu genügen und größere Distanz zu suchen als die anderen Muster dieser Triade. In

Wahrheit sind Beziehungen für sie jedoch ebenso lebensnotwendig wie für die ZWEI und die DREI. Die Überzeugung, dass Beziehung unmöglich ist, führt allerdings dazu, dass die VIER sich abwechselnd um andere bemüht und sich von allen zurückzieht.

> *„Ich klammere, aber nur innerlich. Ich möchte nicht, dass die anderen wissen, wie sehr ich sie brauche, denn sie könnten dann ja irgendeine Verpflichtung mir gegenüber spüren. Und außerdem will ich selbst nichts erwarten. Ich möchte mich nicht auf die Hoffnung einlassen, dass eine Beziehung von Dauer sein könnte. Denn ich weiß: Ich werde enttäuscht."*

Die VIER sieht das Leben gewissermaßen aus der Vogelperspektive: Aufbrüche und Abbrüche, Geburt und Tod. Diese Sichtweise zeigt sich in verschiedenen Bereichen. Die VIER sieht alles unter dem Aspekt des Zu- oder Abnehmens im Kreislauf von Leben und Tod. In der Folge wird alles mit Bedeutung und Wichtigkeit aufgeladen. Jede Erfahrung nimmt die Dimension des Symbolischen an und wird so Teil der Ekstase bzw. der Tragik des Lebens. Nichts besteht nur für den Augenblick, alles ist weit über sich selbst hinaus mit anderem verknüpft. Die VIER kann das Leben nicht nur mit höchster Intensität beschreiben, sie lebt diese Intensität.

Als Folge ihrer Sicht des Lebens setzt die VIER zudem alle ihre Gefühle und Handlungen absolut. Wo es immer um Leben und Tod zu gehen scheint, liegen die Extreme nahe: alles oder nichts, völlige Hingabe oder totale Freiheit, höchstes Glück oder tiefste Verzweiflung. In der Begleitung muss sich die VIER der Herausforderung stellen, nicht in die Zukunft oder in die Vergangenheit abzuschweifen, sondern den Blick auf die Gegenwart zu richten. Es ist für die VIER sehr schmerzhaft, dass ihr gerade das unendlich schwerfällt. Für den Begleiter ist es wichtig, diesen Umstand zu akzeptieren und Verständnis für die Angst der VIER vor der Gegenwart zu zeigen.

Es entspricht dem Stil der VIER, nicht über die Skala der Gefühle zu sprechen, die sie durchläuft. Vielmehr gibt sie eine zusammenfassende Darstellung der Bedeutung, die sie aus dem ganzen Wust ihrer Gefühle destilliert hat. So wie die FÜNF oft in markigen Sätzen über ihre Wahrnehmungen spricht, präsentiert eine VIER gerne philosophische Grundsätze oder abgeklärt und weise klingende Schlussfolgerungen. Das kann auf den Begleiter reserviert und emotionslos wirken. Genau diese Haltung strebt die VIER auch an, denn darin scheint das Versprechen innerer und äußerer Harmonie zu liegen, die für die VIER so wichtig ist. Die VIER tut sich schon schwer, sich ihre ungefilterten Emotionen einzugestehen. Noch viel schwerer fällt es ihr, sie jemand anderem mitzuteilen. Immer wieder versucht die VIER, sich vom Ansturm der Realität zu distanzieren und sich stattdessen in eine vage, melancholische Scheinwirklichkeit zu flüchten. Der Begleiter fühlt sich deshalb leicht von der VIER und ihrer Erfahrung abgeschnitten.

> *„Alles, was mit meiner Kindheit zu tun hat, hat mich einsam gemacht, aber es hat mich auch gelehrt, dass ich mich auf mich selbst verlassen kann. Das ist der Grund für meine Unabhängigkeit. Ich weiß, dass ich so ziemlich alles ertragen kann, ich werde es schon irgendwie überstehen. Dieser ganze Schmerz von früher passt ins Bild. So bin ich, so bin ich durch meine Erfahrung geworden."*

Dieser summarische Blick auf das Leben mit seinen Befürchtungen und Ängsten, mit all der Wut und all der Frustration gehört zu der Art und Weise, wie die VIER ihre Existenz unbewusst aufpoliert. VIERer werden oft als Künstler bezeichnet, allerdings nicht wegen einer spezifisch künstlerischen Begabung, sondern weil sie alles und jedes in ihrem Leben gestalten und formen. Eine Beziehung wird dann zum Problem, wenn die andere Person sich nicht so verhält, wie die VIER es geplant hat. Ärger, der eine Begegnung beeinträchtigen könnte, wird deshalb sorgfältig geprüft und möglichst weich und vernünftig eingepackt. Auf diese Weise will die VIER irrationale Ausbrüche vermeiden, denn sie könnten dazu führen, die Berechtigung ihres Ärgers und ihrer Wut an sich in Zweifel zu ziehen. VIERer müssen sich auf einen Streit vorbereiten können. Dadurch gewinnen sie ein Gefühl der Sicherheit. Deshalb laden VIERer eher jemanden zu sich ein, als hinauszugehen und anderen in deren Umfeld zu begegnen. So haben sie eher das Gefühl, das Geschehen unter Kontrolle zu haben.

Die VIER muss zu der Einsicht kommen, dass gerade ihr Hang, das Leben zu einem Kunstprodukt zu gestalten, sie in die Verzweiflung führt. Misslingende Kommunikation und Missverständnisse sind Teil des Lebens; das gilt für die VIER genauso wie für die anderen. Die VIER wird die Welt der Harmonie, nach der sie sucht, niemals finden. Und sie wird nie erreichen, dass ihr Innenleben konstant in einem gleichmäßigen, friedlichen Rhythmus dahinfließt.

Dämmert ihr diese Einsicht, nutzt die VIER häufig ihre Fähigkeit zur Gestaltung ihrer Erfahrung und versucht, dem Leben gegenüber eine „spontane" Haltung einzunehmen. In dieser Phase gleicht die VIER oft einem Freigeist, der scheinbar ohne Prinzipien lebt. In Wahrheit ist diese Einstellung jedoch nicht freier als die Haltung, die die VIER vorher eingenommen hat. Wenn die VIER auf dem Weg der Aufrichtigkeit bleibt, verliert sie allmählich die Hoffnung, ihre erträumte wunderschöne Welt jemals zu verwirklichen. Mit der Zeit wird sie alle Versuche in dieser Richtung aufgeben. Unter dem Druck dieser Hoffnungslosigkeit lernt die VIER aber, sich selbst besser anzunehmen und sich damit abzufinden, dass die Welt so ist, wie sie ist.

In der spirituellen Begleitung äußert sich die VIER manchmal scheinbar unmoralisch. In Wahrheit ist sie aber höchst moralisch, so wie sie alles in ihrem Leben mit höchster Intensität betreibt. Ihre moralischen Kriterien vertritt sie mit Entschiedenheit. Sie schätzt alles, was Wachstum und Leben verspricht, und lässt sich davon motivieren, nicht nachzulassen in ihrer Suche nach echter emotionaler Erfahrung.

Nach der Beschreibung Richard Risos fürchtet die VIER, irgendetwas an ihr sei grundlegend verkehrt, und zwar etwas, was sie selbst nicht zu fassen bekommt. Was sich so verkehrt anfühlt, ist oft die falsche und unvernünftige Erwartung der VIER, die Welt im Inneren und die Außenwelt müssten in harmonischen Rhythmen dahinfließen. Um diese Welt der Schönheit zu erschaffen, fragt sich die VIER, was sie tun muss, um künftig alle Probleme zu vermeiden. Entspricht das Verhalten der VIER dieser Harmoniesucht nicht, treten Schuldgefühle auf. Jedes Mal, wenn ein anderer Mensch verwirrt, enttäuscht oder wütend reagiert, nimmt die VIER das als Zeichen, dass sie nicht liebevoll und harmonisch genug ist. Das Bedürfnis nach harmonischem, rhythmischem Fließen äußert sich beispielsweise in der Art der VIER, sich dem Anlass entsprechend sorgfältig zu kleiden, oder in einem wunderschönen Tagebuch oder in einem Gespräch im Rahmen der spirituellen Begleitung mit gutem Beginn, befriedigendem Verlauf und einer sinnvollen Lösung.

In ihrem Streben nach Schönheit fühlt sich die VIER oft abgestoßen von ihren dazu in Widerspruch stehenden unharmonischen Gefühlen, oft auch von ihrem Körper und dessen

Verhalten. Auf dem Weg der Erlösung erkennt die VIER, dass der Abscheu vor sich selbst sie dazu veranlasst, die anderen zu vertreiben. Hat sie dies erkannt, kann sie allmählich lernen, andere zu bitten, bei ihr zu bleiben, bis sie aus ihrer Falle wieder herausgekommen ist und sich selbst wieder als annehmbar betrachten kann.

Ob die VIER eine solche Bitte ausspricht oder nicht – sie braucht einen Begleiter, der ihr zu verstehen gibt: Ich bleibe bei dir. Auch wenn du dich so erschreckend hässlich fühlst, dass dich Ekel und Verzweiflung packen, bleibe ich bei dir. Wer eine VIER begleitet, muss allerdings darauf achten, sich von ihr keine Rolle in ihrem Drehbuch zuweisen zu lassen. Es ist nicht einfach, die Balance zu halten zwischen Aushalten und Dabeibleiben einerseits und andererseits der Weigerung, sich manipulieren zu lassen.

Am Ende zählt, ob der Begleiter die Dynamik der VIER versteht und ihr dieses Verständnis vermitteln kann. Das hält die VIER davon ab, in ihre Falle zu tappen und wieder eine perfekt gestaltete Beziehung herstellen zu wollen. Sind alle ihre Ausflüchte und Versuche gescheitert, droht die VIER wieder in Verzweiflung zu versinken. Macht sie dann die Erfahrung, dass die verlässliche Präsenz des Begleiters ihrer Hoffnungslosigkeit widerspricht, kann die Begleitung für die VIER fruchtbar werden.

5. Kapitel

Begleiter vom Muster ZWEI, DREI und VIER

Im Folgenden geht es darum, wie die in den vorigen Kapiteln beschriebene Dynamik spirituelle Begleiterinnen und Begleiter beeinflusst. Die Ausführungen über Begleitende aus der Triade ZWEI, DREI und VIER fallen länger aus als die entsprechenden Abschnitte zu den anderen Triaden, weil hier Hintergrundinformationen erläutert werden, die für sämtliche Muster zutreffen. Für alle Muster gilt: Der Mensch bringt sich in all seine Beziehungen ein als der, der er ist. Dennoch ist es sinnvoll, Beziehungen noch einmal unter einem neuen Blickwinkel ins Auge zu fassen und zu fragen, wie sich die in den vorhergehenden Kapiteln beschriebenen Schwächen und Vorzüge bei denen auswirken, die andere Menschen begleiten.

Ängste

Begleiterinnen und Begleiter vom Muster ZWEI, DREI und VIER werden häufig von tiefen Ängsten umgetrieben. Diese Nähe zur Angst bewirkt ein Fehlen von Empathie. Fehlende Empathie führt dazu, dass die Sinne das Gegenwärtige nicht vollständig aufnehmen. Ein Teil der Wirklichkeit wird nicht wahrgenommen und verarbeitet, kommt also nicht ins Bewusstsein und ruft deshalb keine angemessene Reaktion hervor. Begleitern vom Muster ZWEI, DREI und VIER entgehen viele Emotionen – abgesehen von ihren Ängsten. An ihre Stelle werden Geschäftigkeit, Planungen, Szenarien und Ziele gesetzt, die allesamt in der Zukunft liegen. Weil Begleiter vom Muster ZWEI, DREI und VIER so sehr auf das ausgerichtet sind, was noch vor ihnen liegt, neigen sie dazu, echte, jetzt vorhandene Gefühle bei sich selbst und bei ihrem Gegenüber zu übersehen.

Als Folge ihrer Ängste können Begleiter vom Muster ZWEI, DREI und VIER nur schwer auf Aktivität verzichten. Oft wollen sie antworten, bevor der Begleitete überhaupt ausgeredet hat, oder sie wollen Sätze vervollständigen oder nennen einen Begriff, wenn ihr Gegenüber nach einem passenden Wort sucht. Begleiter vom Muster ZWEI, DREI und VIER haben häufig Schwierigkeiten, im Prozess der Begleitung auszuharren, und springen stattdessen schnell zu Schlussfolgerungen und Ergebnissen. Manchmal offenbaren sie viel zu viel über sich selbst in dem Bemühen, mit dem Begleiteten in Kontakt zu kommen. Und nicht selten füllen sie eine Pause mit Worten, statt zu schweigen und dem anderen Zeit für stilles Gegenwärtigsein zu lassen. Ihre Befürchtungen können sich auch darin äußern, dass sie etwas für den Begleiteten anstoßen, statt ihm die Verantwortung zu überlassen und zu warten, bis er bereit ist, für sich selbst zu sorgen.

Rollenverhalten

Abgesehen von diesem vordergründigen Verhalten verfallen Begleiter aus der Triade ZWEI, DREI und VIER leicht in eine innere Analyse dessen, was der Begleitete sagen möchte. Manchmal ziehen sie den Begleiteten mit in diese Analyse hinein und damit weg von dessen tatsächlichem Gefühlsleben. Diese nicht hilfreichen und oft unerwarteten Verhaltensweisen treten umso öfter auf, je stärker der Begleiter von seinen Ängsten beeinflusst ist. Darin spiegelt sich das Fehlen von Empathie, zu der Begleiter vom Muster ZWEI, DREI und VIER neigen. Unpassende Bemerkungen und Blindheit gegenüber Gefühlen erwecken einen Eindruck von Härte und Kälte, Manipulation und Distanzlosigkeit, Oberflächlichkeit und mangelnder Aufmerksamkeit; diese Begriffe beschreiben Begleiter vom Muster ZWEI, DREI oder VIER im unerlösten Zustand.

ZWEIer, DREIer und VIERer sind sich wohl mehr als andere ihrer Rolle als spirituelle Begleiter bewusst. Sie haben für gewöhnlich eine innere Vorstellung davon, was die Rolle von ihnen verlangt. Das gilt besonders für ZWEIer, die sich als Helfer sehen und den Begleiteten als den Hilfsbedürftigen. So sehr eine ZWEI sich auch bemüht, Gegenseitigkeit und freundliche Verbundenheit herzustellen, entsteht doch häufig eine subtile Hierarchie: das Gefälle vom Gebenden zum Bedürftigen. ZWEIer, DREIer und VIERer neigen dazu, sich ständig selbst zu beobachten. Sie bewerten ihr Verhalten als Begleiter, vergleichen sich mit anderen und achten auf jedes Anzeichen, das Aufschluss geben könnte, wie es dem Begleiteten mit dem Prozess geht. Immer haben sie entweder das Gefühl, großartige Arbeit zu leisten, oder sie fühlen sich von ihrer Ineffektivität gelähmt.

Diese Tendenz der ZWEI, DREI und VIER, immer danach zu fragen, ob sie gut sind, erschwert die Supervision von ZWEIern, DREIern und VIERern. Der Supervisor stößt mit dem inneren Beobachter des Supervisanden zusammen, der ständig bewertet und analysiert und den Lernprozess massiv behindert. In der Supervision einer ZWEI, DREI oder VIER lässt sich kaum zuverlässig feststellen, wie gut sie als spiritueller Begleiter wirklich ist.

„Ich bin nicht ich selbst, wenn ich weiß, dass die Stunde zu Supervisionszwecken auf Band aufgenommen wird. Ich bin

wie gelähmt und fühle mich, als stünde ich im Scheinwerferlicht auf der Bühne. Ich bringe nichts irgendwie Spontanes zustande. Wenn ich mit meinem Klienten allein bin, vergesse ich alles um uns her und alles läuft sehr gut und vollkommen normal."

Bestätigung

Irgendwo in der Weltsicht jeder ZWEI, DREI und VIER steckt der Wunsch, Menschen zu helfen, damit diese sich mit sich selbst wohlfühlen. Sie halten dieses allgemeine Wohlbefinden nicht nur für generell erreichbar, sondern glauben, dass alle Menschen daraufhinarbeiten und es auch erreichen wollen. Eine unterstützende und wohlwollende Atmosphäre ist die Grundlage jeder guten Begleitung. Das heißt jedoch nicht, dass verbale Bestätigung und anerkennende Bemerkungen für eine hilfreiche Atmosphäre notwendig wären. Mit der Zeit werden Begleiter vom Muster ZWEI, DREI und VIER erkennen, dass die gute Absicht hinter ihren Bestätigungen in verschiedener Hinsicht zum Bumerang werden kann.

Wahrscheinlich befremdet einen Menschen in der Begleitung nichts mehr, als ihm seine Gefühle abzusprechen. Wenn Begleiter versuchen, ihrem Gegenüber Gefühle der Einsamkeit oder Traurigkeit, Abscheu oder Selbstentfremdung einfach auszureden, tragen sie zu diesen Gefühlen sogar noch bei, weil sie die Realität, wie der Begleitete sie erlebt, nicht akzeptieren. Ebenso schneidet die Aufforderung zu mehr Selbstannahme den Begleiteten nicht nur von dem ab, was er mitteilen will, sondern ignoriert auch, wo er sich emotional gerade befindet.

„Wissen Sie, ich kann gar nicht verstehen, dass Sie so große Angst haben. Sie sind doch wirklich stark und in jeder Si-

tuation gelassen. Ich sehe Sie ja nicht alleine so; es muss also in der Tat so sein. Haben Sie jetzt Zugriff auf diese Stärke, sodass Sie Ihre Angst in den Griff bekommen könnten?"

Bestätigung erfüllt ihren Zweck oftmals nicht. Ist der Begleitete nämlich bereits gut zentriert und fühlt sich friedvoll und positiv, so besteht kein Anlass für den Begleiter, das Offensichtliche noch einmal zu unterstreichen. Tut er es trotzdem, stört er dadurch nur die Präsenz des Begleiteten und den Verlauf der Sitzung. Steckt der Begleitete dagegen in einer inneren Notlage und kann sich selbst oder Anteile seiner selbst nicht akzeptieren, so klingt jedes Wort der Bestätigung hohl und leer. Häufig führen Bestätigungen nur zu einer oberflächlichen Auseinandersetzung darüber, wessen Wahrnehmung eher zutrifft, die des Begleiters oder die des Begleiteten. Im günstigsten Fall wird dadurch nur der Fortgang der Sitzung aufgehalten, unter ungünstigen Umständen kann eine kaum noch überbrückbare Distanz zwischen Begleiter und Begleitetem entstehen.

Beziehungssucht

Das Hauptanliegen von ZWEIern, DREIern und VIERern besteht darin, Kontakt zu anderen Menschen herzustellen und aufrechtzuerhalten. In der Begleitung tätige ZWEIer, DREIer und VIERer müssen auf die damit verbundenen Gefahren achten. Manche wollen ihrem Gegenüber vorschreiben, was es zu fühlen hat. Andere erklären dem Begleiteten, was er tun muss und wie er dabei vorgehen soll. Ihre Wahrnehmungen mögen oft zutreffen und sind mitunter hilfreich. Dennoch laufen ZWEIer, DREIer und VIERer Gefahr, den Begleiteten aus seinem emotionalen Gewahrsein herauszureißen und ihn voreilig in die Aktivität zu drängen.

Unangemessen ist es ferner, wenn Begleiter in ihrem Bemühen, zu ermutigen und zu unterstützen, Beispiele aus ihrer eigenen Lebensgeschichte anführen und ihre eigenen Beziehungen, Probleme und alle möglichen anderen Bereiche ihres Privatlebens in die Begleitung mit einbeziehen. Manchmal versuchen Begleiter mit ihren Erfahrungen den Begleiteten geradezu zu überbieten. Durch ein solches Vorgehen werden die Erfahrungen der Begleiteten abgewertet. Selbst wenn der Verweis auf eigenes Erleben des Begleiters dem Begleiteten größeres Selbstvertrauen geben soll, wird damit oft das Gegenteil erreicht.

> *„Ich weiß, wie schwer es für Sie gewesen sein muss, ohne Vater aufzuwachsen. Ich kann es Ihnen gut nachfühlen; meine Eltern sind beide gestorben, als ich noch klein war. Ich bin nur mit Onkel und Tante aufgewachsen, ich kannte keine Eltern. Das war der tiefe Schmerz meiner Kindheit."*

Das starke Bedürfnis nach Verbundensein bestimmt nicht nur das Privatleben unerlöster ZWEIer, DREIer und VIERer, sondern auch die Praxis ihrer Begleitung. Es führt eher zu einer Vermehrung als zu einer Vertiefung der Begegnung mit sich selbst und mit anderen; die Quantität scheint wichtiger als die Qualität einer Beziehungen. Doch kein Mensch kann so viele Beziehungen aufrechterhalten und mit Leben füllen, wie es das Bedürfnis einer ZWEI, DREI oder VIER fordert. In unerlöstem Zustand versucht sie bis zur Erschöpfung, die Verbindungen zu allen Menschen in ihrer Umgebung zu festigen. Diese Erschöpfung bleibt oft so lange unerkannt, bis eine Krankheit auftritt – die Sprache des Körpers, der sein Recht verlangt.

Nicht immer sind ZWEIer, DREIer oder VIERer pünktlich. Womöglich sind ihnen auf dem Weg zur Begleitungssitzung alle möglichen Leute über den Weg gelaufen und haben ihre Aufmerksamkeit beansprucht. Deshalb sind sie in der Sitzung dann vielleicht emotional nicht ansprechbar, erschöpft, müde und stehen gewissermaßen „neben sich".

Dieser Mangel an Präsenz für sich selbst und andere kann dazu führen, dass Begleiter vom Muster ZWEI, DREI und VIER schlecht zuhören und nicht im Hier und Jetzt bei dem Begleiteten präsent sind. Die Dynamik im Verhalten der ZWEI, DREI und VIER in Kombination mit Müdigkeit und ihren zahlreichen Ängsten, die in ihrer Beziehungssucht resultieren, beeinträchtigen die Effizienz der Begegnung. Die Begleiter opfern ihren eigenen inneren Reichtum und schwächen ihre Präsenz für ihr Gegenüber. Sie ersetzen die Qualität ihres Gegenwärtigseins durch Anstrengung und Planungen. Je mehr Begleiter dieses Verhalten an den Tag legen, desto mehr fördern sie ihr Unerlöstsein und desto weniger kann sich die Sitzung dynamisch entwickeln. Spontaneität geht verloren, Kontrolle und Zielorientiertheit bestimmen die Begleitung.

Übermäßige Verantwortung

Unerlöste ZWEIer, DREIer und VIERer sind von ihrer Rolle als Begleiter und davon in Anspruch genommen, wie ein guter Begleiter zu sein hat. Sie bewerten sich selbst nach abgeschlossenen Vorhaben und erreichten Zielen. Dabei geht vor lauter Aktivität die einfache Präsenz bei dem Begleiteten verloren, wenn dieser selbst gegenwärtig ist. Unerlöste ZWEIer, DREIer und VIERer vermuten manchmal, dass bei der Begleitung etwas schief läuft. Mitunter erkennen sie sogar, was schief läuft, doch sie befinden sich in einer sich ständig beschleunigenden Spirale, die kaum anzuhalten ist. Sie wünschen sich Bestätigung und Anerkennung oder zumindest irgendeine Art von Rückmeldung, fürchten aber zugleich zu hören, dass sie alles falsch machen.

Also machen sie weiter wie bisher und hoffen, die Ergebnisse könnten sie für das zunehmende Gefühl entschädigen, dass in ihrer Beziehung zu dem Begleiteten alles in Unordnung ist. Wenn sie innehalten und eine ehrliche Frage oder einen ehrlichen Kommentar zulassen, können sie ihren Aktionismus unter Umständen durchbrechen und zu den gerade aktuellen Gefühlen zurückkehren. Dazu braucht es Mut und die Bereitschaft, sich etwas über seine Unzulänglichkeit sagen zu lassen. Bringen sie diesen Mut auf, können sie allmählich loslassen und die Verantwortung dem Begleiteten zurückgeben. Sie lernen, besser zuzuhören, und können so ihrem Gegenüber helfen, besser auf sich selbst zu hören.

Mit zunehmendem Erlöstsein geht Begleitern vom Muster ZWEI, DREI und VIER regelmäßig voller Erstaunen auf, wie wenig sie mit ihren eigenen Emotionen in Kontakt sind. Sie sind geradezu bestürzt, wenn sie erkennen, wie gut das Zusammenspiel in der Begleitung mit einer ZWEI, DREI oder VIER verläuft – in einem vordergründigen Gespräch und emotionslosen Berichten. Womöglich stellen sie ihre Befähigung zur Begleitung überhaupt infrage. Führt diese Einsicht zu Aufrichtigkeit und Demut und gibt die ZWEI, DREI oder VIER ihre verzweifelten Anstrengungen auf, kann es zu einer Vertiefung ihres Gefühlslebens kommen. In diesem Fall kann sie im Prozess der Begleitung die Autorität wieder dem Begleiteten überlassen, dem sie auch zusteht.

„Im letzten Herbst war ich wirklich schlecht drauf. Ich brachte nichts fertig, weder im Privatleben noch mit meinen

Klienten. Und jetzt höre ich zu meinem größten Erstaunen von einigen, dass ich ihnen gerade in dieser Zeit im Herbst am meisten geholfen habe. Ich war so am Boden, dass ich überhaupt nichts tun konnte. Deswegen habe ich ihnen auch nicht im Weg gestanden und genau das haben sie gebraucht.“

Fürsorglichkeit und echte Zuwendung

Es ist besonders wichtig, dass ZWEIer, DREIer und VIERer zwischen Fürsorglichkeit im Sinn von „etwas für einen anderen tun“ und echter Zuwendung unterscheiden. Zuwendung ist auf den verschiedensten Ebenen möglich. Manchmal gehört Konfrontation dazu, manchmal bedeutet Begleitung, den Begleiteten in Ruhe zu lassen und ihm weder körperlich noch seelisch nahe zu kommen, um ihn bei der Suche nach seiner eigenen Erfahrung nicht zu stören. Begleitung kann aber ebenso in nicht nachlassendem Bemühen um Kontakt bestehen, um die Verlässlichkeit der Beziehung unter Beweis zu stellen. Zuwendung korrespondiert mit der jeweiligen Form der sich stets wandelnden Beziehung. Deshalb muss der Begleiter auf das Gegenwärtige konzentriert sein.

Im Gegensatz zu echter Zuwendung ist Fürsorglichkeit oberflächlich. Sie kann zu einer Fülle von Aktivitäten führen. Das bedeutet, etwas für den anderen zu tun. Fürsorgliche Menschen wollen den anderen auf die Schultern nehmen und tragen und ihn weniger auf seinem ganz eigenen Weg begleiten. Fürsorglichkeit macht den anderen abhängig und verführt den bedürftigen Menschen dazu, die Verantwortung für das eigene Leben abzugeben. Fürsorgliche ZWEIer, DREIer und VIERer lassen sich aber auch selbst verführen, und zwar dazu, die Arbeit für jemand anderen zu machen. Das Spiel um Verführen und Verführtwerden spielen ZWEIer, DREIer oder VIERer nur allzu gerne.

Die Fürsorge trifft oft zusammen mit der den ZWEIern, DREIern und VIERern eigenen Ungeduld. Sie drängen gerne auf Entscheidungen und Aktion, sie wollen Ergebnisse sehen und abhaken. Diese der Angst entspringende Haltung steht in völligem Gegensatz zu einer Einstellung, die es zulässt, dass sich die Dinge im Lebensrhythmus des Begleiteten entwickeln. Auf der bewussten Ebene wollen ZWEIer, DREIer und VIERer, die der sozialen Triade des Enneagramms zuzuordnen sind, gemeinsam mit anderen auf ein Ziel hinarbeiten. Auf der unbewussten Ebene drängt es sie jedoch oft so sehr nach sichtbaren Ergebnissen, dass sie die Führung übernehmen. Sie wollen ihr Gegenüber schieben, aus seinen Gefühlen herausholen, zu Einsichten in seine Gefühle bewegen und zum Handeln drängen.

Nachdem Begleiter vom Muster ZWEI, DREI und VIER ihre eigenen Gefühle gerne übergehen, vernachlässigen sie oft auch die Emotionen des anderen. Sie überspringen die emotionale Seite der Erfahrung des Begleiteten und drängen ihn zum Tun, so wie sie auch sich selbst ständig zu etwas drängen. VIERer mögen offene Manipulation zwar ablehnen, subtilere Formen der Kontrolle setzen sie jedoch durchaus ein.

Angst vor Kontaktverlust

Die dargestellte Dynamik führt zu Störungen und Konflikten in der Beziehung zwischen Begleitern und Begleiteten. Am meisten fürchten die ZWEI, DREI und VIER das Scheitern von Beziehungen. Wenn es in der Begleitung Schwierigkeiten gibt, fürchten sie eine Zerstörung der Beziehung. Damit ginge zugleich die geordnete Lebenssicht verloren, derzufolge alle Menschen entweder wohltuend miteinander verbunden sind oder sich nach einer solchen Verbindung sehnen und sie mit allen Mitteln zu erreichen suchen.

Unerlöste Begleiter vom Muster ZWEI, DREI und VIER begegnen ihrer Angst vor dem Verlust einer Beziehung, indem sie versuchen, den Begleiteten zu „retten", ihm gut zuzureden oder ihn zu bestätigen. Sie reden ihm seinen Zorn aus, seine Traurigkeit oder was immer die Beziehung blockiert. Auch erlösten Begleitern, die ihre Fallen gut kennen, kann es noch passieren, dass sie sich in Bemühungen verwickeln, die aus der Furcht entspringen, eine Beziehung könnte erschwert oder gestört werden.

In der Begleitung neigen die ZWEI, DREI und VIER dazu, die Erfahrung des Begleiteten gewissermaßen aufzusaugen, und zwar nicht indem sie die Gefühle gelten lassen, sondern indem sie aktiv werden und für den Begleiteten tun, was ihrer Meinung nach getan werden muss. Sie versuchen, das Leben zu erleichtern, Schwierigkeiten zu beheben und die Probleme des anderen zu lösen.

Mitunter entwickeln Begleiter vom Muster ZWEI, DREI und VIER Besitzansprüche gegenüber dem Begleiteten. Sie tun sich schwer, zwischen Person und Leistung zu unterscheiden, und wollen deshalb häufig ihr Selbstwertgefühl stärken, indem sie sich von den Fortschritten überzeugen, die der Begleitete macht. In der Supervision oder bei anderen Gelegenheiten, bei denen die Motive und Handlungsweisen des Begleiteten hinterfragt werden, treten sie für diesen ein. Kritik am Begleiteten fassen sie als Kritik an sich selbst auf. Je nach Standpunkt können sie die starken Seiten des Begleiteten offen oder auf eher subtile Weise herausstellen.

„Es gefällt mir nicht, wenn du so hart über Theo sprichst. Wenn du ein bisschen besser wüsstest, wie sehr er zu kämp-

fen hat, hättest du eine klarere Vorstellung davon, wie es um ihn steht. Seine Reaktionen passen wirklich genau auf die Situation. Das merkst du, wenn du hörst, aus welchem Grund er so vorgeht, wie er das tut. Er hat schon riesige Fortschritte gemacht. Aber das merkt man vielleicht nur, wenn man so nah an ihm dran ist wie ich."

Zu diesem Eintreten für den Begleiteten gehört oft auch der Hinweis darauf, wie gut der Begleiter sein Gegenüber kennt und dass er als Einziger in dessen intimste Angelegenheiten eingeweiht ist. Dieser Hinweis auf die Tiefe und Bedeutsamkeit seiner Beziehungen soll die Fähigkeiten des Begleiters zur Interaktion belegen. Dadurch wird sein Image gegenüber anderen und gegenüber sich selbst gestärkt.

Ein gefestigter Mensch wird nicht zulassen, dass ihm der Begleiter das Leben aus der Hand nimmt. FÜNFer, SECHSer und SIEBENer werden sich vermutlich überrumpelt und bedrängt fühlen und mit Rückzug in der einen oder anderen Form reagieren. Begleitete vom Muster ACHT, NEUN und EINS werden sich wahrscheinlich ärgern oder zumindest belästigt fühlen, mit Widerstand reagieren und sich den Kontrollversuchen des Begleiters aktiv oder passiv widersetzen. Bei Begleiteten vom Muster ZWEI, DREI und VIER fällt die Reaktion unter Umständen noch schärfer aus, je nachdem wie gut sie ihre eigenen Schatten akzeptieren können. Können sie sich selbst vergeben, dass sie ständig anderer Leute Leben manipulieren, können sie das auch Begleitern vom Muster ZWEI, DREI und VIER nachsehen. Haben Begleitete eine negative Einstellung zu dieser eigenen Dynamik, werden sie diese Selbstablehnung auf den Begleiter projizieren, wenn dieser sie zu manipulieren versucht.

Welche Reaktionen die Begleiter in ihren Beziehungen im Rahmen der spirituellen Begleitung auch hervorrufen – sie dürfen vor der beschriebenen Dynamik nicht die Augen verschließen. Es erfordert Reife und Einsicht, sich dieser problematischen Tendenz zum Manipulieren zu stellen und sie zu überwinden.

Anpassungsfähigkeit

ZWEIer, DREIer und VIERer passen sich instinktiv an ihre Mitmenschen und an die Umgebung an mit der Folge, dass sie unter Umständen ihre Vorstellungen, Gefühle und Verhaltensweisen ändern. Im unerlösten Zustand sind sie blind für diese Dynamik. Sie verlieren den Kontakt zu ihrem Innenleben. Die Suche nach Authentizität, von der die ZWEI, DREI und VIER oft sprechen, hängt genau damit zusammen.

An einem bestimmten Punkt im Prozess der Umkehr lernen ZWEIer, DREIer und VIERer nachzuforschen, welche ihre eigenen Reaktionen sind. Sie wenden sich ihrer authentischen persönlichen Erfahrung als Ursprung ihrer Wirklichkeit und inneren Autorität zu. Dann können sie den übertriebenen Drang überwinden, in der Außenwelt nach der Wahrheit zu suchen, und sich eher auf die Balance zwischen innen und außen einlassen.

> *„Ich möchte immer genau wissen, wie es um die Menschen in meiner Nähe bestellt ist. Dabei stelle ich dieselbe Frage mir selbst nie. Wenn ich ehrlich bin, dann frage ich nur deshalb so intensiv nach den anderen, weil ich wissen möchte, wie ich angemessen auf sie reagieren kann. Das allein zählt, nicht das, was ich denke oder fühle oder möchte."*

Die automatische Anpassung von Begleitern des Musters ZWEI, DREI und VIER hat etwas Zwanghaftes und ist nicht unproblematisch. Sie zeigt sich zum Beispiel darin, dass Begleiter die Beziehung so oberflächlich oder tief gehend gestalten, wie es der Begleitete wünscht, oder dass sie ohne weitere Überlegung einfach das zum Thema der Sitzung machen, was der Begleitete einbringt. Zwanghafte Anpassung ist auch dort im Spiel, wo Begleiter sich von objektiven Fakten abwenden, wenn deren Beachtung in eine Konfrontation münden würde.

Subtiler äußert sich die automatische Anpassung in einer vollkommenen Selbstvergessenheit des Begleiters. Manche Begleiter legen es tatsächlich darauf an, sich völlig in dem zu verlieren, was in dem begleiteten Menschen vorgeht. Kommen sie ihm jedoch so nahe, dass sie gewissermaßen in seine Schuhe schlüpfen, kann es dazu kommen, dass sie alle Fertigkeiten vergessen, die sie sich durch Ausbildung und Erfahrung erworben haben.

Begleiter müssen also eine Balance finden zwischen dem Gespür für sich selbst und der Sensibilität für den Begleiteten. Gelingt ihnen das, entdecken sie ihre natürliche Begabung, andere zu begleiten. Diese Begabung hat nichts zu tun mit den Übertreibungen ihres sozialen Instinkts. Sie können sich ohne Zwang frei entscheiden, einen anderen zu begleiten.

Eine der wichtigsten Gaben von Begleitern des Musters ZWEI, DREI und VIER ist ihre Fähigkeit, sich in den anderen hineinzuversetzen und die Welt von dessen Standpunkt aus zu betrachten. Diese Fähigkeit charakterisiert auch ihren persönlichen Stil in der Begleitung. Als Gegengewicht brauchen sie hier wie in ihrem gesamten spirituellen Leben eine Innerlichkeit, die es ihnen ermöglicht, ihre eigenen Erfahrungen zu erforschen. In der Balance zwischen innen und außen kommen ihre eigenen Reaktionen zu ihrem Recht und es ergeben sich neue Möglichkeiten, in der spirituellen Begleitung ganz präsent zu sein.

Mit der Außenorientierung in Zusammenhang steht das

Anerkennen der Einzigartigkeit jedes Menschen. Erlöste ZWEIer, DREIer und VIERer nehmen jeden Menschen in seiner Individualität wahr, verallgemeinern nicht und urteilen nicht nach dem ersten Eindruck. Sie neigen nicht zu vorgefassten Meinungen über andere und ziehen erst dann ihre Schlüsse, wenn sie die Geschichte eines Menschen ganz gehört haben. Weil sie sich intensiv auf andere konzentrieren, sind ZWEIer, DREIer und VIERer mit gut entwickelter Sensibilität geradezu prädestiniert, feinste Nuancen herauszuhören. Das setzt allerdings voraus, dass sie auf sich selbst hören können und mit ihren eigenen unbewussten Antrieben und Zwängen vertraut sind. Sie kennen und respektieren den Rahmen, der ihnen durch ihre spezifischen Gaben und Grenzen gesetzt ist.

Begleiter vom Muster ZWEI, DREI und VIER, die ihre eigene Erfahrung annehmen können, lernen, vergleichbare Erfahrungen bei dem Begleiteten nicht zu verleugnen. Ohne in Panik zu geraten, können sie alles akzeptieren, was der Begleitete vorbringt, auch wenn das für sie persönlich angsterregend sein sollte. ZWEIer, DREIer und VIERer fürchten den Zorn; bestenfalls führt er nach ihrer Erwartung zu einer Unterbrechung der Beziehung, schlimmstenfalls zur totalen Zerstörung. Begleiter dieser Triade übersehen gerne jede Form von Frustration, Wut und Groll – häufig Erscheinungsweisen des Zorns.

Fertigkeiten

Begleiter vom Muster ZWEI, DREI und VIER übersehen auf subtile Weise die Wutgefühle des Begleiteten oder wollen sie vermeiden, ob sich der Zorn nun gegen sie, gegen andere Menschen oder gegen die Umstände richtet. Häufig bemühen sie sich, den Begleiteten aus diesen Gefühlen herauszuholen, manchmal durch Argumentieren oder Überreden. Oder sie benutzen bestätigende Aussagen, um den Begleiteten von seinen Gefühlen wegzuholen.

> *„Ich verstehe schon, dass es für Sie sehr schwierig mit ihm war. Aber denken Sie doch einmal an die Gaben, die Sie haben. Wahrscheinlich ist er einfach neidisch; er weiß, dass er Ihnen nicht das Wasser reichen kann. Sie sind hier die Überlegene, sehen Sie das nicht?"*

Eine der schwersten Aufgaben, vor denen ZWEIer, DREIer und VIERer stehen, ist die Konfrontation. Konfrontation erscheint ihnen oft als brutal und gedankenlos und brutal und gedankenlos wollen sie auf gar keinen Fall sein. Konfrontation wirkt auf sie wie das Gegenteil von Annahme, das Gegenteil von dem also, was sie den Menschen, mit denen sie arbeiten, ständig bieten wollen. Hilfreich für den Umgang mit Konfrontation ist es, wenn der Begleiter sich klarmacht, dass sie notwendiger Bestandteil einer guten und tragfähigen Beziehung ist. Sich jemandem gegenüberzustellen heißt ja, die Wahrheit seiner eigenen Urteile und Reaktionsweisen anzuerkennen.

Es gehört notwendig zur Kommunikation, dem Gegenüber die eigenen Wahrnehmungen, Emotionen, körperlichen Reaktionen, Urteile und was sonst noch zum Gespräch gehört, mitzuteilen. Darin besteht die authentische Reaktion des Begleiters. Er bleibt offen für Richtungsänderungen und Korrekturen. Diese Art der Konfrontation lädt zu Diskussion und Interaktion ein, die das Gespräch fördern und nicht durch feindselige Gegenpositionen abwürgen. Konfrontation verbunden mit dem Wunsch nach Echtheit kann Begleitern vom Muster ZWEI, DREI und VIER manchmal den Mut machen, den sie brauchen, um ihre echten Reaktionen zuzulassen, auch wenn sich daraus ein Konflikt ergeben kann.

Die Verhaltensmuster

Mit zunehmendem Erlöstsein wird ZWEIern, DREIern und VIERern immer mehr bewusst, in welchem Maß ihr Verhalten vom Unbewussten beeinflusst ist. Im Inneren analysieren sie, organisieren, setzen sich Ziele, machen Pläne und erstellen To-do-Listen. Im Äußeren führen sie ihre Pläne aus, setzen Schlussfolgerungen um und bringen Dinge in Bewegung. Dieses Verhaltensmuster trägt zwar zum Unerlöstsein der ZWEI, DREI und VIER bei, bietet aber auch Chancen, die in der Begleitung genutzt werden können.

Ist der Hang zur Aktivität bewusst geworden, kann er auch Begleiteten helfen, die nicht über dasselbe Muster verfügen. Wird die Fähigkeit, Pläne zu schmieden und Entscheidungen zu treffen, mit anderen zusammenzuarbeiten, ergebnisorientiert vorzugehen und die Gewohnheiten der jeweiligen Bezugsgruppe in Betracht zu ziehen, in der Begleitung bewusst und nicht aus dem unerlösten Zwangsmuster heraus zur Verfügung gestellt, können die Begleiteten davon für ihre Entwicklung profitieren. Erfahren die Begleiteten Hilfe dabei, ihre eigene emotionale Energie zu nutzen, können sie angemessene Entscheidungen treffen und entsprechend handeln. Die Einsicht in diese Zusammenhänge motiviert Begleitete, die ihre Möglichkeit zum Aktivsein leicht übersehen, aus ihrer emotionalen Energie heraus zu handeln.

Weil Begleiter von Muster ZWEI, DREI und VIER das Konkrete schätzen und sich darin zu Hause fühlen, wenden sie sich gerne nutzenorientierten und pragmatischen Aufgaben zu. Damit können sie eher abgehobenen Menschen zu mehr

Bodenhaftung und besserer Erdung verhelfen. Sie können Begleiteten, die vor lauter Möglichkeiten den Überblick verlieren und handlungsunfähig werden, dazu anleiten, Prioritäten zu setzen. Einem Ratsuchenden, der von seinen Emotionen überwältigt wird, helfen sie, sich von diesen Emotionen zu trennen. Sobald der Begleitete zwischen sich und seinem Gefühl unterscheiden kann, kann er die Emotionen als nur einen Teil seiner Persönlichkeit sehen, statt sich total mit ihnen zu identifizieren. Haben die Gefühle ihre Bedrohlichkeit verloren, kann der Begleitete besser mit ihnen umgehen und seine Lähmung überwinden.

ZWEIer, DREIer und VIERer suchen Vergleich und Wettbewerb. Beispielsweise neigen sie dazu, ihre eigene Dynamik mit der von anderen Enneagrammmustern zu vergleichen. Dabei stellen sie oft ein Defizit bei sich fest. Ihre natürliche Begabung zum Handeln scheint ihnen weniger wert zu sein als die Gabe der Wahrnehmung oder des Gefühls. Sie kommt ihnen oberflächlicher vor. Dieses oft unbewusste Vergleichen kann den Erfolg der Tätigkeit als Begleiter beeinträchtigen. Es kann aber auch dazu führen, dass ZWEIer, DREIer und VIERer sich stärker nach innen öffnen.

Solange Begleiter vom Muster ZWEI, DREI und VIER ihre Handlungsorientiertheit vor sich selbst schlecht machen, können sie deren positive Seiten dem Begleiteten nicht zugutekommen lassen. Sie nehmen eine passive Haltung ein und lassen den Begleiteten sich abmühen, obwohl sie ihm auf der Suche nach dem angemessenen Verhalten behilflich sein könnten. Es ist eine Gratwanderung: Einerseits wissen ZWEI, DREI und VIER darum, wie leicht sie sich dazu verführen lassen, anderen die Verantwortung für ihr Leben abzunehmen. Andererseits verfügen sie aber über Informationen, die es dem Begleiteten leichter machen könnten, Entscheidungen zu treffen und Fortschritte zu erzielen.

Die Unterscheidung, ob zu einem gegebenen Zeitpunkt das unerlöste Zwangsmuster im Spiel ist oder nicht, setzt Selbstwahrnehmung und ein Gespür für das eigene Freisein voraus. Können Begleiter dem Begleiteten etwas vorschlagen, ohne zu erwarten, dass dieser sich danach richtet, ist keine Manipulation im Spiel. Begleiter, die sich entspannt und wohl fühlen, agieren nicht aus ihrem Zwangsmuster. Falle und Gabe entspringen derselben Quelle im Unbewussten. Die Falle vermittelt ein unbehagliches Gefühl, die Gabe lässt die Energien frei fließen. Je tiefer Begleiter in die kontemplative Haltung vorgedrungen sind, desto besser können sie anhand körperlicher Anzeichen einschätzen, ob das Zwangsmuster ihrer Wurzelsünde am Werk ist oder nicht.

Leben in der Gegenwart

Wer sich auf den spirituellen Weg begibt, weiß, dass das vorrangige Ziel darin besteht, ganz in der Gegenwart zu leben – dem einzigen Ort, an dem der Mensch als zeitgebundenes Wesen die Wirklichkeit erfahren kann. Um zu dieser Erfahrung der Gegenwärtigkeit zu gelangen, müssen gerade die ZWEI, DREI und VIER aufhören, linear von der Vergangenheit in die Zukunft und von einer Seite zur anderen zu schauen. Stattdessen müssen sie den Blick direkt auf die Gegenwart richten. Gelingt ihnen das in der Begleitung, rücken dabei ihre eigene Realität und die des Begleiteten umfassend und genau in den Blick. Das Ergebnis ist eine reichere und auf mehr Informationen gegründete Präsenz.

Die Begleiter werden feststellen, dass der Augenblick vielfältige Dimensionen hat: Gefühle, die ausgelotet, und Körperempfindungen, die beachtet werden wollen, Einsichten bei sich selbst und beim Gegenüber, die zu erforschen Gewinn versprechen. Je besser sie lernen, die Wirklichkeit vom einen Augenblick zum nächsten wahrzunehmen, desto besser und leichter können sie ihre eigene Wahrheit und die des Begleiteten miteinander ausbalancieren. Ihre Handlungen erwachsen zunehmend aus genauer Wahrnehmung und echtem Gefühl.

Bewusstes Gewahrsein der Gegenwart führt zur Sensibilität gegenüber dem Begleiteten und seinen Bedürfnissen. Haben Begleiter zuvor den zwanghaften Impuls verspürt, das Gegenüber zu berühren, zu umarmen, verbal zu bedrängen und mit ihren Ratschlägen zu überhäufen, sind sie nun eher in der Lage zu erkennen, wann sie den Begleiteten in Ruhe lassen müssen. Sie lassen ihn seine Erfahrungen selbst sichten und sortieren. Sie können zulassen, dass der Begleitete durch eine Phase der Einsamkeit geht, die ja einen notwendigen Schritt auf dem Weg zur Selbständigkeit darstellt. Erlöste ZWEIer, DREIer und VIERer erkennen den Unterschied zwischen emotionalem Nahesein und unangemessenem Eindringen in die körperliche und seelische Privatsphäre des anderen Menschen. Sie haben gelernt, wie wertvoll es ist, die eigene Wurzelsünde zu kennen. Sie haben begriffen, dass sich in dieser Erfahrung etwas Neues ankündigt: ein rückhaltloses Vertrauen auf die Macht des Lebens. Erst jetzt können sie dem Göttlichen, der Macht, über die sie keine Kontrolle haben, erlauben, sie zu formen.

Wenn ZWEIer, DREIer und VIERer sich klar machen, dass sie zwischen einem zwanghaften Klammern und einer ebenso zwanghaften Selbstgenügsamkeit hin- und herpendeln, verlieren diese beiden Extreme ihre Macht zu Täuschung und Kontrolle. Die scheinbare Unabhängigkeit nach dem Muster der ZWEI („Ich brauche dich nicht"), der DREI („Ich schaffe es schon alleine") oder der VIER („Keiner versteht mich") verliert ihre Macht, sobald sie bewusst wird. Dann können ZWEIer, DREIer und VIERer die Begleitung mit größerer

Freiheit und ohne Ansprüche an den Begleiteten in Angriff nehmen und ihm helfen.

Lernen ZWEIer, DREIer und VIERer, dass gerade das Bleiben in der Gegenwart einen Kontakt mit der Zukunft ermöglicht, wie er intensiver nicht sein kann, lassen ihre Befürchtungen nach. Sie können aufhören zu planen, wie sie in der nächsten Sitzung vorgehen wollen, in welche Richtung es gehen soll und was sie als Nächstes tun sollen. Je mehr sie sich im Erlöstsein befinden, desto eher können sie den Begleiteten dazu ermutigen, ebenso vorzugehen. Auf ihrem eigenen spirituellen Weg müssen sie sich davon befreien, vom Blick in die Vergangenheit oder die Zukunft Aufschlüsse über die Gegenwart zu erwarten. Wenn sie die Falle erst einmal erkannt haben, die in dem Blick nach vorn und zurück steckt, können sie gerade diese Tendenz dazu nutzen, um andere zu unterstützen, denen dieser Blick fehlt. Für sie selbst ist es wichtig, sich von diesem instinktiven Verhalten zu distanzieren; trotzdem dürfen sie nicht vergessen, dass anderen Mustern gerade dieses Verhalten manchmal sehr nützlich ist. ZWEIer, DREIer und VIERer müssen ihre eigene Dynamik nicht aus Angst vor der Falle einfach aufgeben, sondern können sie im Umgang mit anderen, die einer anderen Dynamik folgen, bewusst einsetzen.

Dass die ZWEI, DREI und VIER dem Begleiteten genau die Zugänge nach innen anbieten müssen, die ihr eigenes Dilemma darstellen, trifft unter Umständen auch dann zu, wenn es um persönliche Erinnerungen geht. Die Arbeit mit Erinnerungen und mit der Lebensgeschichte spielt beim Prozess der Umkehr eine wesentliche Rolle. Am besten erleben die ZWEI, DREI und VIER ihre Lebensgeschichte gewissermaßen neu, indem sie sich auf ihre Empfindungen und ihr Verhalten in der Gegenwart ausrichten. Wenn sie die Gefühle, Wahrnehmungen, Bilder und Einstellungen, die sie hier und jetzt bei sich selbst vorfinden, in die Vergangenheit zurückverfolgen, finden sie Zugang zu Informationen über die Wirklichkeit von früher. Der Mensch reagiert im Jetzt aus seinen gesammelten Erfahrungen heraus. Nachdem die ZWEI, DREI und VIER in der Zukunft und in der Vergangenheit leben, können ihr Methoden, die den Fokus auf die Erinnerung richten, zur Falle werden. Sie können besser im Hier und Jetzt bleiben, wenn sie in ihren gegenwärtigen Reaktionen nach Hinweisen auf die Vergangenheit forschen.

Begleitete aus den anderen Triaden können davon profitieren, einen detaillierten Lebenslauf anzufertigen oder regelmäßig Tagebuch zu führen. Bei ihnen ist die Gefahr geringer, dass daraus ein überaus dramatischer Akt oder aber eine bloße Aufzählung von Ereignissen ohne jegliches Gefühl wird. Lassen sich Begleiter vom Muster ZWEI, DREI und VIER darauf ein, beim Gegenüber im gegenwärtigen Moment auszuharren, werden sie die angemessene Methode finden, um den Zugang zu Erinnerungen zu öffnen. Es kann gut sein, dass sie eine Methode vorschlagen, die bei ihnen selbst nicht funktioniert.

Die Gesamtheit des Lebens sehen

Ein Mensch, der seine Mitte gefunden hat, hat – unabhängig von seinem Enneagrammmuster – gelernt, die Realität mehr und mehr zuzulassen. Zentrierte ZWEIer, DREIer und VIERer finden in sich eine nach innen zielende Energie vor, die ebenso real ist wie der im unerlösten Stadium zwanghafte Impuls, die eigene Energie nach außen zu richten. Die abwechselnd depressive und dann wieder enthusiastische Stimmung der ZWEI, DREI und VIER hat häufig Ähnlichkeit mit der manisch-depressiven Dynamik. Solch extreme Ausschläge resultieren aus der Weigerung, authentische emotionale Erfahrung zuzulassen. Das Leugnen der Gefühle, das in der Kindheit als schützende Strategie erlernt wurde, lässt umso mehr nach, je mehr sich ein ganzheitliches und aufrichtiges Leben entwickelt.

Diese Hin- und Herbewegung zwischen übermütiger und depressiver Stimmung muss als das erkannt werden, was sie in Wahrheit ist: ein Versuch, die wirklichen Gefühle zuzudecken, die eine Bedrohung für das positive Selbstbild darstellen könnten. Die Gemütslage eines Menschen kann nicht ununterbrochen von Freundlichkeit und Großzügigkeit bestimmt sein; kein Mensch ist immer kontrolliert und ausgeglichen. ZWEIer, DREIer und VIERer haben jedoch schon früh im Leben gelernt, dass sie immer kontrolliert und ausgeglichen sein sollten, und deshalb schieben sie jede Erfahrung beiseite, die diesem Anspruch nicht genügt. Indem sie ihre echten, aber unbewussten Reaktionen unterdrücken, liefern sie sich den wechselnden Gefühlen der Depression und der Flucht vor Depression (Manie) aus.

Erlöste ZWEIer, DREIer und VIERer haben gelernt, ihren extremen Reaktionen und den sich daraus ergebenden universellen, absoluten Interpretationen zu misstrauen, seien sie positiv oder negativ. In Zeiten extremer Begeisterung bzw. Lähmung verzichten sie darauf, Werturteile abzugeben oder Entschlüsse zu fassen. Mit ihrer Fähigkeit zuzugeben, was sie im Moment wirklich fühlen, wächst auch ihr inneres Gleichgewicht. Dabei kommt es nicht darauf an, ob es angemessen wäre, aus einem Gefühl heraus zu handeln. Erlöste ZWEIer, DREIer und VIERer haben zu unterscheiden gelernt, was sich gerade in ihrer Gefühlswelt abspielt und was in Handlungen umgesetzt werden soll.

Falsche Ruhe

Erlöste ZWEIer, DREIer und VIERer haben ebenso gelernt, ihrer inneren Leblosigkeit zu misstrauen, die sich nicht selten als Ruhe und Zentriertheit tarnt. Mit der Zeit lernen sie, ihre wahren Gefühle zuzugeben und zuzulassen, und erkennen, dass sie dadurch näher zu sich selbst geführt werden. Die Folge ist echte Ruhe, die nicht der Verdrängung, sondern der Aufrichtigkeit entspringt. Sie resultiert aus Emotionen, die ausreichend gefühlt werden dürfen. Als Begleiter haben ZWEIer, DREIer und VIERer gelernt, was sie sich selbst antun, wenn sie falsche Heiterkeit erzeugen. Im erlösten Zustand können sie ihrem Gegenüber helfen, darauf zu achten, ob seine Ruhe echt oder falsch ist.

In ihrer Rolle als Begleiter entwickeln ZWEIer, DREIer und VIERer die Fähigkeit, echtes Zentriertsein von einem Zustand fehlender Emotionen zu unterscheiden. Sie können dem anderen helfen, die Täuschung zu entlarven, die zur falschen Ruhe führt. Diese Täuschung kann die Form innerer oder äußerer Faulheit annehmen: Das Leben wird verschlafen statt gelebt. Schließlich können sie vorgefasste Wahrnehmungsmuster aufdecken, durch die manche Begleitete ihre Erfahrungen sowie ihre daraus folgenden Entschlüsse und Entscheidungen abspalten.

ZWEI, DREI und VIER und die Spiritualität

Der natürliche Beitrag der ZWEI, DREI und VIER zur Spiritualität wird umso klarer, je mehr sie sich in Richtung Ausgeglichenheit und Ganzheitlichkeit bewegen. Sie erwerben die Fähigkeit, das Leben ohne weltliche oder spirituelle Grenzen als eine Ganzheit zu sehen. Unter dieser Perspektive kann nichts gottlos sein. Gebet wird schlicht zu Leben und Atmen; es ist nicht an Zeit und Ort gebunden. Die Heiligkeit des menschlichen Lebens findet sich überall; es ist nicht nötig, sie in spirituelle oder gar religiöse Begriffe zu übersetzen.

Eine solche Haltung wirkt auf den Begleiteten oft fremd und beunruhigend – sei es, weil er eine andere Weltsicht als der Begleiter hat, sei es, weil das Verhalten des Begleiteten noch durch den unerlösten Zustand geprägt ist, in dem er sich befindet. Möglicherweise stellt er sich die Frage, worum es der ZWEI, DREI und VIER bei der spirituellen Begleitung eigentlich geht, und meint, diese seien nicht fähig, sich dem Gebet und ihrem gesamten spirituellen Leben unabhängig von der übrigen Realität zu widmen.

In der Tat erscheinen Begleiter vom Muster ZWEI, DREI und VIER bisweilen als unreligiös, wenn nicht sogar als amoralisch. Ihre Theologie ist manchmal so sehr mit anderen Disziplinen verwoben, dass sie das eine vom anderen nicht mehr unterscheiden; ihnen fehlen entsprechende Kriterien. Andere ZWEIer, DREIer und VIERer, die ihre Begleitung suchen, erleben es oft als befreiend, wenn sie erkennen, dass sie den spirituellen Aspekt ihres Lebens nicht fein säuberlich von den anderen Aspekten zu trennen brauchen. Sie müssen nicht über ihr Gebetsleben sprechen, sondern über ihr Leben als Ganzes. Ein Mensch eines anderen Musters kann es hingegen ziemlich befremdlich finden, wie die ZWEI, DREI und VIER mit diesem Thema umgehen. Sie vertreten nicht nur eine andere Sichtweise als er, sondern folgen auch einem anderen Weg der Umkehr als er.

Es ist von entscheidender Bedeutung, dass Begleiter diese Unterschiede kennen und wahrnehmen. Ihre Haltung kann das Bemühen eines anderen, ihnen nicht ähnlichen Menschen unterstützen und zu Lösungen führen. Sie können eine Perspektive auf die Wirklichkeit eröffnen, die den Blick des anderen erweitert, selbst wenn ihre spirituelle Sichtweise nicht der seinen entspricht.

Begleiter vom Muster ZWEI, DREI und VIER müssen sich vor Ungeduld gegenüber anderen hüten, denen Regeln und Gesetze sowie die Unterscheidung zwischen religiös und weltlich sehr wichtig sind. In ihrer Rolle als Begleiter müssen sie sich zu ihren eigenen Reaktionen bekennen und zugleich die Reaktionen der anderen Person zulassen und ernst nehmen.

> *„Es ödet mich an, mir anzuhören, welche Sorgen und Schuldgefühle sich manche Leute machen, weil die Kirche dies und jenes sagt. Aber dann mache ich mir klar, wie es sich anfühlt, wenn ich mir so große Sorgen darüber mache, was die anderen über mich denken werden. In gewisser Weise ist das mein Gesetz."*

Begleiter vom Muster ZWEI, DREI und VIER können anderen in dem Maß helfen, ihre Aufgaben anzunehmen und damit umzugehen, wie sie selbst es gelernt haben, ihre eigenen Aufgaben anzunehmen und damit umzugehen. Es spielt dann keine Rolle mehr, ob es sich um ähnliche oder unterschiedliche Aufgaben handelt. Soweit ZWEIer-, DREIer- und VIERer-Begleiter ihre eigenen Befürchtungen, Fallen und Irrtümer, ihr eigene Scham und Bosheit kennen, können sie sich auch für diese Regungen bei anderen öffnen. Das gilt mutatis mutandis für alle Begleiterinnen und Begleiter aus allen Triaden. Wer die Begrenzungen seines Enneagrammmusters akzeptiert, wird ebenso wachsen wie die Menschen, die er begleitet.

Der Kopftyp

FÜNF, SECHS und SIEBEN

6. Kapitel

Begleitung von Menschen der Muster FÜNF, SECHS und SIEBEN

Bei der Betrachtung der nächsten Basis-Triade müssen wir den Fokus wechseln; wir bewegen uns geradezu in einer anderen Welt. Die Menschen dieser Triade stehen dem Leben völlig anders gegenüber als die ZWEI, DREI und VIER. Welche Weltanschauung und welche Einstellung gegenüber dem Leben haben die Kopftypen FÜNF, SECHS und SIEBEN? Nach einigen allgemeinen Feststellungen folgen Beobachtungen zu den einzelnen Mustern. Am Schluss stehen Überlegungen zu Chancen und Problemen, die für die Begleiterinnen und Begleiter aus dieser Enneagrammtriade typisch sind. Dabei wird auch hier vorausgesetzt, dass Gaben und Grenzen demselben Grundimpuls entstammen.

Überzogene Wahrnehmung

FÜNFer, SECHSer und SIEBENer haben einen natürlichen Hang, sich ihrer Umwelt zuzuwenden, zu „sehen“, was um sie herum vorgeht, und diese Informationen in sich aufzunehmen und zu ordnen. Dieses unbewusste Verhaltensmuster ist ein wertvolles natürliches Talent, wird es jedoch überstrapaziert, wird es zwanghaft. In diesem Fall können Menschen vom Muster FÜNF, SECHS und SIEBEN nicht richtig erkennen, worauf es im Leben ankommt. Sie neigen zu der Auffassung, alles zu wissen, was man wissen muss, wenn sie die objektiven Daten erst einmal erfasst und katalogisiert haben. Es ist, als ob sie ein liebevoll verpacktes Päckchen bekämen und sich nur dafür interessierten, auf welchem Weg es bis zu ihrer Haustür gelangt ist, statt es auszupacken.

Eine FÜNF, SECHS oder SIEBEN, die spirituelle Begleitung sucht, wird also zunächst von äußeren Fakten berichten und erzählen, was in ihrem Leben vor sich geht. Oft geschieht das in ziemlich abgehobener Weise. Vom emotionalen Standpunkt her gesehen beobachtet sie sich selbst und andere völlig unbeteiligt. Sie beobachtet zwar ihre Situation und interessiert sich dafür, aber trotzdem wirkt sie irgendwie distanziert gegenüber dem, wovon sie spricht.

Sie konzentriert ihre Energie darauf, zu sehen, was ist, und den dahinter stehenden Sinn zu suchen. Diese Energie entspringt dem grundlegenden Bedürfnis, das Leben unter Kontrolle zu halten – ein Bedürfnis, das alle anderen Muster ebenfalls haben. Welche Bedürfnisse auch immer der Mensch hat, sie lassen ihn das Bild erschaffen, das er in der ersten Lebenshälfte sich selbst und anderen vor Augen stellt. FÜNFer, SECHSer und SIEBENer gehen davon aus, dass sie dann die Kontrolle behalten, wenn sie alles registrieren, was man überhaupt wahrnehmen kann. Im Idealfall resultiert daraus ein objektiver Zugang zu dem, was Leben heißt; bei unerlösten Menschen führt dieses Verhalten jedoch dazu, dass sie sich selbst sehr distanziert betrachten und ihre gesamten persönlichen Erfahrungen, ihre emotionalen Reaktionen, ihre Lebensgeschichte und ihr Handeln abwerten. Indem sie nur in dem einen Sinn erkennen, was sie von außen aufnehmen, lassen sie zu, dass ihr Leben verdorrt und saft- und kraftlos wird.

„Josef hat mir erzählt, wie seine gelähmte Mutter Stunden um Stunden neben ihrem sterbenden Mann saß, unfähig zu sprechen, etwas zu tun, um Hilfe zu rufen, zu telefonieren

oder auch nur die Hand nach ihm auszustrecken. Mich hat es richtiggehend zerrissen, als ich mir vorstellte, was das für Qualen gewesen sein müssen. Nicht so Josef. Er erzählte davon, als hätte er es in der Zeitung gelesen. Dabei war es etwas, das seine eigene Mutter erlebt hatte! Seine Distanziertheit war noch schrecklicher als die Situation, von der er erzählte. Ich fragte ihn, ob er nachfühlen könne, was seine Mutter durchgemacht hatte. Seine Antwort zeigte, dass er gar nicht verstand, wovon ich eigentlich sprach."

In der spirituellen Begleitung von Menschen vom Muster FÜNF, SECHS und SIEBEN ist es wichtig, echte und vollständige Erinnerungen herauszuarbeiten und sämtliche Details einer Erfahrung zu bedenken. Mit jedem Ereignis im Leben sind Gefühle verbunden. Reduziert die Suche nach „dem Sinn" und „der Antwort" die Fülle der Erfahrung, die sich auf zahlreichen Ebenen (Handlungen, Worte, Gefühle) vollzieht, so verarmt und verengt sich das gesamte Leben. Die pulsierenden Leidenschaften wie Freude, Schmerz und Traurigkeit, Furcht und Zorn und die Fülle anderer Emotionen mit ihren vielfältigen Nuancen erfüllen den Menschen und nehmen ihn hinein in den Fluss des Lebens. Das wissen auch FÜNFer, SECHSer und SIEBENer, es sei denn, sie wären gänzlich unerlöst. Daher suchen diese Menschen nach einem Begleiter oder nach Freunden, denen sie zutrauen, ihnen dabei zu helfen, sich ganz auf das Leben einzulassen.

FÜNFer, SECHSer und SIEBENer suchen bei der spirituellen Begleitung vor allem nach jemandem, für den sie so wichtig sind, dass er sie anhört und ihnen Zeit widmet. Manche Menschen vom Muster FÜNF, SECHS oder SIEBEN können kaum glauben, dass sie für einen anderen Menschen in irgendeiner Beziehung so wichtig und interessant sein könnten, dass er ihnen zuhört. In ihrem angestrengten Bemühen zu verstehen, wie Situationen und Konzepte zusammenpassen und wie sie selbst in die Realität passen, müssen sie oft lange Wege durch eine Vielzahl von Wahrnehmungen, Ideen und Einsichten zurücklegen.

Es kann FÜNFer, SECHSer und SIEBENer viel Zeit kosten herauszufinden, was in ihrem Leben wirklich vor sich geht und wo sie selbst in Bezug auf diese Geschehnisse stehen. Diese Erkenntnis erreichen sie meist erst nach einem langen inneren Bemühen um Wahrnehmung. Ein Begleiter, der diese Suchbewegung ermöglicht und geduldig abwartet, wird das Vertrauen seines Gegenübers gewinnen.

Während ZWEIer, DREIer und VIERer ihre Energie darauf verwenden, Übereinstimmung mit Menschen herzustellen, konzentrieren sich FÜNFer, SECHSer und SIEBENer stärker darauf, in Resonanz mit der Umgebung, der Schöpfung, ja, der gesamten Wirklichkeit zu kommen, und zwar sowohl auf der äußeren als auch auf der inneren Ebene. Sie fühlen sich schrittweise ein, um eine Heimat zu finden und nicht länger Außenseiter zu sein. Auf dem Weg der Umkehr können Begleiter eine ratsuchende FÜNF, SECHS oder SIEBEN unterstützen, indem sie sie anleiten, ihre Gefühle zu den Vorgängen in ihr selbst und um sie herum wahrzunehmen und zuzulassen. FÜNFer, SECHSer und SIEBENer fragen von sich aus nicht danach, wie sie mit ihren Gefühlen umgehen. Achten sie darauf, wird dadurch ihre Unterstützer- bzw. Hilfefunktion geweckt; sie ist die Gefühlsfunktion der FÜNF, SECHS und SIEBEN.

Das anonyme Ich

Der Versuch, anonym zu bleiben, ist ein Teil der für Menschen der Muster FÜNF, SECHS und SIEBEN bezeichnenden Rückzugsstrategie. Besonders offensichtlich ist er bei der

FÜNF, aber auch die SECHS und die SIEBEN weisen diesen Zug auf, wenn sie auch eher aus sich herausgehen. Während SECHSer und SIEBENer einen durchaus freundlich-aufgeschlossenen Eindruck machen, bewahren sie doch eine innere Distanz, ja, Abgeschiedenheit und haben ein Bedürfnis nach Distanz und Unsichtbarkeit. Zwiespältig wird ihre Reaktion allerdings, wenn FÜNFer, SECHSer und SIEBENer bemerken, dass sie tatsächlich vollkommen unscheinbar geworden sind, also die Unsichtbarkeit erreicht haben, die sie sich zumindest als Option offen halten wollten.

Wie für alle Menschen ist es auch für FÜNFer, SECHSer und SIEBENer wichtig, dass sie Beachtung und Aufmerksamkeit bekommen. Das Signal, dass sie in Ruhe gelassen werden wollen, kann jedoch zu einem Gefühl des Verlorenseins und der Isolation führen – ein Zustand, den niemand auf Dauer anstrebt. Begleitete vom Muster FÜNF, SECHS und SIEBEN sprechen häufig Themen an, die mit dieser Suche nach Intimität zu tun haben. Sie suchen nach einem Begleiter, der für diese Themen offen ist und ihnen hilft, diese Fragen in freundschaftlichem Miteinander und auch in der spirituellen Begleitung anzusprechen.

Anonymität und Distanz zeigen sich unter anderem in der Angewohnheit der FÜNFer, SECHSer und SIEBENer, andere zu zitieren, um mitzuteilen, was sie selbst denken. Meist handelt es sich um Menschen, die sie für erfahren und gut informiert halten. Die Bezugnahme auf andere kommt auch in Formulierungen wie „Man sagt, dass" oder „Es heißt, dass ..." zum Ausdruck. Manchmal zitieren sich FÜNFer, SECHSer und SIEBENer sogar selbst, als ob sie ihr eigenes Leben von außen betrachteten.

„Maria hat für die heutige Sitzung allerhand im Gepäck. Sie hatte wirklich eine harte Woche und konnte sich kaum auf-

raffen herzukommen. Sie hatte schon genug mit ihrer Arbeit zu tun. Jedenfalls ist sie jetzt hier und ich nehme an, dass sie jetzt genau das zum Thema machen wird, ihre Arbeit und das Verhältnis zu ihrem Chef."

Bevor FÜNFer, SECHSer und SIEBENer mit ihrem Anliegen herausrücken, stellen sie den Begleiter häufig erst einmal auf die Probe. Sie versuchen einzuschätzen, was er zu dem Thema meint, das sie anschneiden wollen, und was er von ihnen als Mensch hält. Oft beobachten sie zunächst und warten darauf, dass der Begleiter die Initiative ergreift. Manchmal werfen sie ihm auch irgendeine Information hin, auf die er reagieren soll.

Dieses Verhalten ist für Begleiter schwierig, die die Rolle des Geburtshelfers beibehalten und lediglich den Prozess begleiten wollen, den der Begleitete durchläuft. Manche Begleiter vermuten dann, der Begleitete suche nur nach ihrer Achillesferse, dem Punkt, an dem er etwas auszusetzen findet. In Wirklichkeit geht es der FÜNF, SECHS und SIEBEN darum, herauszufinden, ob der Begleiter an ihr und der Fülle ihrer Wahrnehmungen echtes Interesse hat. Will der Begleiter überhaupt etwas von der Fülle ihrer Eindrücke und ihrer Widersprüchlichkeit hören? Hat er genügend Geduld, um darüber zu sprechen, was beiden wie eine ewig lange innere Reise erscheint?

FÜNFer, SECHSer und SIEBENer finden ihre Details äußerst wichtig, fürchten aber, den Begleiter damit zu langweilen. Deshalb übergehen sie oft Einzelheiten, um sich selbst und dem Begleiter „Zeit zu sparen". Interessiert sich denn irgendjemand wirklich für diese Ideen, geschweige denn für den Menschen selbst, der so inkonsequent ist, wie FÜNFer, SECHSer und SIEBENer sich manchmal erleben? Jedes Anzeichen von Ungeduld, Langeweile oder Unaufmerksamkeit des Gesprächspartners gegenüber den Themen, die für sie selbst so wichtig sind, scheint zu belegen, wie berechtigt diese Frage ist. Jedes Mal, wenn sich ihr Gegenüber geistig oder gar physisch abwendet, während sie sprechen, oder im Gespräch plötzlich ein für sie irrelevantes Thema anschneidet, spüren sie deutliche Zweifel am Interesse ihres Begleiters.

Ein weiteres Thema, mit dem sich FÜNFer, SECHSer und SIEBENer beschäftigen, hat damit zu tun, dass sie oft für andere handeln oder denken. Sie fürchten, andere könnten sich ihre Einsichten und Urteile aneignen. Hört ihnen jemand aufmerksam zu, werden sie misstrauisch – eine ihnen ohnehin vertraute Haltung – und folgern, der andere wolle sie benutzen, um seine eigene innere Arbeit nicht erledigen zu müssen.

FÜNFer, SECHSer und SIEBENer fällen ihre Urteile vorsichtig, langsam und immer erst einmal vorläufig. Darin zeigt sich, dass sie nur zögernd Vertrauen fassen. Finden sie einen Begleiter, der tatsächlich an ihnen und nicht an ihren Ideen und Konzepten interessiert ist, können sie sich gewandt und eloquent ausdrücken. Es bedeutet einer FÜNF, SECHS und SIEBEN sehr viel, wenn der Begleiter Verbindungen herstellt zwischen dem gegenwärtigen Gesprächspunkt und Themen, die sie vor einiger Zeit besprochen haben. Das ist für sie der Beweis, dass der Begleiter ihre Erfahrungen präsent hat. Er erkennt die Muster und den verborgenen Sinn in ihrem Leben. Nun kann sie ihm abnehmen, dass er ihr echte Aufmerksamkeit schenkt, sie ernst nimmt und alles wertschätzt, was sie sagt.

Eine solche Erfahrung kann es der FÜNF, SECHS und SIEBEN endlich ermöglichen, sich weiter zu öffnen. Dann kann ihre vorsichtige, manchmal geradezu geizige Art der Kommunikation sich wandeln zu einer wahren Wörterflut für alles, was sie bisher nur gedacht, aber nicht ausgesprochen hat. Das neue Sprechen kann ihr Angst machen, ihre Gedanken aber auch so konkret werden lassen, dass sie nun beurteilen kann, inwieweit diese tatsächlich der Wirklichkeit entsprechen.

Die Dynamik der Angst

Es gibt kaum eine Diskussion, in der die Ängste der FÜNF, SECHS und SIEBEN nicht zur Sprache kommen. Unter anderem fürchten sie, noch nicht genügend zu wissen und noch nicht über ausreichend Informationen zu verfügen. Als Folge dieser Angst fällt es ihnen schwer, ein Projekt zum Abschluss zu bringen oder überhaupt erst in Angriff zu nehmen, Entscheidungen zu treffen und zu handeln. Daneben steht die Befürchtung, dass sie ihrer eigenen inneren Autorität nicht vertrauen und sich nicht zu eigenen Entscheidungen durchringen können und dann andere für sie entscheiden. FÜNFer, SECHSer und SIEBENer fürchten, zum Opfer der Initiative anderer und ihrer eigenen Zögerlichkeit zu werden.

Weiter haben sie Angst vor dem Chaos und dem Fehlen von Sinn und Ordnung bzw. davor, dass sie selbst nicht in der Lage sind, den vorhandenen Sinn zu entdecken. Diese Sorge führt manchmal dazu, dass sie sich darauf konzentrieren, wie sich alles verhalten könnte oder wie die einzelnen Teile der Wirklichkeit sich ineinanderfügen. Diese Verhaltensweise ist typisch für diese Triade.

Menschen vom Muster FÜNF, SECHS und SIEBEN sind sich ihrer Befürchtungen meist durchaus bewusst. Dagegen haben sie keinen Zugang zu ihrer tief sitzenden Angst, der am besten verborgenen Emotion. Diese Angst richtet sich auf etwas Fremdes, Unbekanntes. Meist ist sie von irgendeiner Art von Aktivität begleitet: summen, pfeifen, aufräumen, immer mehr über irgendetwas in Erfahrung bringen. In ihren Befürchtungen und ihrer Angst, die sie manchmal als ein und dasselbe empfinden, suchen FÜNF, SECHS und SIEBEN nach einem Begleiter, dem sie vertrauen können, weil seine Kenntnisse und Erfahrungen ihren strengen Kriterien standhalten.

Einem solchen Begleiter offenbaren sie auch ihre offensichtlich unbegründeten Befürchtungen. Kann eine FÜNF, SECHS oder SIEBEN diese Befürchtungen erst einmal zugeben, merkt sie oft, dass sie sich auflösen oder zumindest geringer werden. Aus Scham, sich Sorgen um scheinbare Kleinigkeiten zu machen, zögern FÜNFer, SECHSer und SIEBENer, sich anderen anzuvertrauen. Durch dieses Versteckspiel wird ihre Furcht jedoch nur weggesperrt und was ihr so große Angst bereitet, nimmt eher noch zu. Das Ausmaß der Furcht steht nicht mehr in einem angemessenen Verhältnis zu ihrer Ursache und kommt der FÜNF, SECHS oder SIEBEN deshalb eher lächerlich vor. Zugleich nimmt aber auch ihr Widerwille zu, der Furcht Ausdruck zu verleihen. So fällt es ihr immer schwerer, über ihre Befürchtungen zu sprechen.

Begleitete vom Muster FÜNF, SECHS und SIEBEN brauchen die Gewissheit, dass der Begleiter mit ihren sorgsam abgemessenen Kommunikationseinheiten behutsam umgeht und keine davon verliert. Erst dann können sie Vertrauen fassen. Je mehr sie innerlich ins Schlingern geraten, desto mehr verirren sie sich in einem Irrgarten voller Sackgassen und Abzweigungen, die sie nicht selten zum Ausgangspunkt zurückführen. Finden FÜNFer, SECHSer und SIEBENer keinen Zugang zur inneren Welt, kommen sie sich dumm vor und können ihr Unvermögen deshalb nur schwer zugeben. Die Folge ist ein schreckliches Gefühl der Unsicherheit. Der Begleiter muss also seine Bereitschaft unter Beweis stellen, mit den Begleiteten den Irrgarten zu durchwandern, wie zwanghaft auch immer das sein mag. Erst dann werden die Begleiteten überhaupt in Erwägung ziehen können, was er als Auswege vorschlägt.

„Manchmal, wenn ich ihm vorausgehe, statt an seiner Seite zu bleiben, habe ich das Gefühl, dass wir anfangen, verschiedene Wege zu gehen. Er bekommt dann diesen verlorenen Blick, den ich zuerst als Widerstand verstanden habe. Jetzt sehe ich ihn eher als Ausdruck von Verwirrung. Wenn ich dann aufhöre vorwärtszudrängen und es mir nicht länger wichtig ist, zu irgendeiner Einsicht oder Schlussfolgerung zu kommen, dann nähern sich unsere Wege aneinander wieder an. Das kostet mich manchmal ziemlich viel Geduld. Ich möchte gerne weiterkommen, aber ich habe gelernt aufzupassen, wann ich ihn abhänge."

Menschen vom Muster FÜNF, SECHS und SIEBEN fürchten, dumm oder – wie in dem eben angeführten Beispiel – verwirrt und unlogisch zu wirken. In diesem Zustand wird ihnen bewusst, dass sie in gewissem Sinne naiv sind und getäuscht, überrumpelt oder analysiert werden könnten. Sie fürchten, der Begleiter könnte sich am Ende doch als treulos erweisen und sie doch noch fallen lassen oder verraten, nachdem sie sich nun so weit geöffnet haben. Das Kind, als das sie sich so oft fühlen, hat sich hervorgewagt und steht jetzt im Regen. Angesichts dieser Sorgen ist es verständlich, dass FÜNFer, SECHSer und SIEBENer sich im Gespräch zunächst auf sicherem Terrain bewegen und eine aufbereitete Wirklichkeit präsentieren. So scheint es nur vernünftig, dass sie ihre Informationen als Testfragen in kleinen Häppchen anbieten. Auf dieser Weise können sie selbst als Mensch in sicherer Distanz verborgen bleiben. Ein einfühlsamer Begleiter ist sich nicht nur dieser Dynamik bewusst, sondern kann auch geduldig abwarten, bis die Phase des Testens abgeschlossen und Vertrauen aufgebaut ist.

Rückzug

Menschen vom Muster FÜNF, SECHS und SIEBEN ziehen sich an einen Ort zurück, an dem sie sich sicher fühlen. Bei einer FÜNF ist das häufig die Beobachtung von Menschen und Situationen. Auf ihrem Ausguck fühlt sie sich sicher; sie kann die Situation überblicken und herausfinden, wer ihr Vertrauen und ihren Respekt verdient. Die SECHS zieht sich häufig in ihr Glaubenssystem zurück. Dort findet sie in der Gemeinschaft mit anderen, die ebenso denken wie sie selbst, Stärke durch die Loyalität und den freundschaftlichen Umgang miteinander. Die SIEBEN nimmt ihre Zuflucht zu Plänen, Ideen und Chancen. Dabei riskiert sie allerdings, sich in ihren eigenen Fantasien zu verlieren. Sie braucht jemanden, der ihre Beeinflussbarkeit nicht ausnutzt, sondern sich für die Dinge interessiert und begeistert, die die SIEBEN interessieren und begeistern, und der dabei auf Fallstricke und Übertreibungen achtet.

Diese Formen des Rückzugs dienen häufig dem Selbstschutz. Mitunter denken FÜNFer, SECHSer und SIEBENer aber ganz einfach nicht daran, ihr Wissen zu offenbaren. Selbst ihre Sprechweise zeigt, welche bewusste Anstrengung es sie manchmal kostet, ihre Innenwelt einem anderen gegenüber zu öffnen. Sie sprechen nicht nur oft generalistisch, sondern meist auch zögerlich und stockend, als ob sie sich jederzeit ein Hintertürchen zum Verlassen des Gesprächs offenhalten wollten.

Ein Begleiter kann die Kommunikation mit FÜNFern, SECHSern und SIEBENern und ihr Weiterkommen fördern, indem er ihnen hilft, ihre Erfahrungen ans Licht zu bringen und weiter offenzulegen. Er bleibt ihnen zugewandt, indem er ihre Erfahrungen würdigt. Zugleich bietet er ihnen damit ein Modell, ihre Erfahrungen selbst zu würdigen. Die konkreten, spezifischen Ereignisse, die die FÜNF, SECHS und SIEBEN oft sehr detailliert beschreiben, müssen über die reinen Fakten hinaus auf ihren Gefühlsgehalt hin betrachtet werden. Manchmal, wenn Menschen vom Muster FÜNF, SECHS oder SIEBEN von einem Ereignis berichten, erzählen sie dabei unbewusst die persönliche Geschichte, wie dieses Ereignis sie berührt und verändert hat. Schenken sie selbst dieser persönlichen Geschichte zu wenig oder keine Aufmerksamkeit, muss der Begleiter das für sie übernehmen. Der Akzent muss sich verschieben von einem reinen Erzählen vergangener und gegenwärtiger Ereignisse hin zu der fühlenden Erfahrung des Geschehens.

FÜNFer, SECHSer und SIEBENer erwecken oft den Eindruck, als ergäbe für sie alles einen Sinn, selbst wenn das gar nicht der Fall ist. Häufig sprechen sie über den Teil ihrer Erfahrung, den sie schon durchgearbeitet haben, und behalten das noch nicht Abgeschlossene für sich. Sie geben knappe oder auch sorgfältig ausgeführte Zusammenfassungen und übergehen die Bereiche, in denen sie sich unsicher und verwirrt fühlen. Erreichtes wird an erster Stelle, wenn nicht sogar als Einziges genannt, während Chaotisches und Unordnung nicht der Erwähnung wert scheinen, weil es sich dabei allenfalls um Teillösungen handelt. Menschen vom Muster FÜNF, SECHS und SIEBEN wollen Ordnung und Zusammenhänge sehen. Alles andere erscheint ihnen nicht erwähnenswert.

Für sie zählt, was sie gelernt haben, und nicht die mühevolle Suche nach dem Sinn, der hinter allem steht. FÜNFer, SECHSer und SIEBENer hassen diese Suche und wünschen sich, sie wäre schon längst beendet. Wer wollte schon eine Sekunde länger als sie selbst in einem solch lästigen Zustand ausharren? Erst wenn der Begleiter sich dafür entscheidet, ihnen in diesem Prozess zur Seite zu stehen, können auch sie sich auf den Prozess einlassen. Dabei verschiebt sich der Akzent vom Sammeln von Informationen auf die persönliche Reaktion. Das ist der Wendepunkt; ab hier beginnen FÜNFer, SECHSer und SIEBENer, ein vollständigeres Bild ihrer selbst zu akzeptieren und ihre Freude, ihren Schmerz und ihr Ringen zu respektieren.

Das alles geschieht natürlich erst, wenn die FÜNF, SECHS oder SIEBEN dazu bereit ist. Ganz allmählich gibt sie es auf, ihre Gedanken zu referieren, wenn sie nach ihren Gefühlen gefragt wird. Ein fähiger, mitfühlender Begleiter lernt, auf die unausgesprochenen Fragen, Sorgen und Gefühle zu hören, die sich unter den berichteten Fakten verbergen. Er stellt keine bohrenden, sondern eher vorsichtige Fragen und konfrontiert die Begleiteten nur wohldosiert mit Herausforderungen. Er reißt die Informationseinheiten nicht einfach auf und fordert auch die Begleiteten nicht dazu auf. Er lädt sie vielmehr ein, die Schnüre gemeinsam aufzuknoten.

FÜNFer, SECHSer und SIEBENer reagieren empfindlich auf Druck, Manipulation und Einmischung. Sie fürchten, ein anderer, der ihnen engagierter, stärker oder kompetenter erscheint, könnte ihr Leben in die Hand nehmen. Sie brauchen meistens Zeit, um sicherzugehen, dass der Begleiter nicht in diese Kategorie fällt, dass er sie nicht bloßstellt und fallen lässt. Für eine FÜNF, SECHS oder SIEBEN, die spirituelle Begleitung sucht, ist es sehr wichtig zu wissen, dass der Begleiter sie nicht in ihrer chaotischen und unfertigen Welt allein lässt, wenn sie sich erst einmal auf den Prozess einlässt.

> *„Ich brauche ganz schön lange, bis ich mich bei jemandem so wohlfühle, dass ich mich ihm gegenüber öffnen kann. Das gilt nicht nur für den Prozess in einer längeren Beziehung, sondern scheint jedes Mal nötig zu sein, wenn ich meinen Therapeuten treffe. Ich brauche Zeit, um herauszufinden, ob*

er mir zuhört, ob er in Eile ist oder ob wir auf gleicher Wellenlänge sind. Das geht mir bei jeder Sitzung so, zumindest ein bisschen, obwohl ich schon lange bei ein und demselben Therapeuten bin. Ich brauche diese Versicherung jedes Mal wieder."

Natürlich ist es immer wichtig, dass spirituelle Begleiter präsent und konzentriert sind, ganz gleich, welchem Muster der Begleitete angehört. Bei einer FÜNF, SECHS oder SIEBEN bedeutet das konkret, aufmerksam alles wahrzunehmen, auch und vor allem das, was ihr selbst unbedeutend erscheint. Gerade das, was eher nebenbei, einfach, bescheiden und ohne Emphase vorgebracht wird, ist oft von großer Bedeutung. Der Begleiter kann eine wertvolle, unaufdringliche Hilfestellung leisten, indem er sein Gegenüber bittet, bei dem zu bleiben, wovon es so bescheiden spricht, indem er auf die Wortwahl achtet und ermutigt, das Ganze ausführlicher zu beschreiben und so die Ausdrucksmöglichkeiten zu erweitern. Hört der Begleitete die eigenen Formulierungen, kann er auf tieferen Ebenen seiner eigenen Erfahrung lauschen und sie respektieren. Ohne diesen Zugang finden Begleiter eine Sitzung mit einer FÜNF, SECHS oder SIEBEN meist eher unerquicklich und langatmig. Das liegt häufig daran, dass FÜNFer, SECHSer und SIEBENer selbst ihr gesamtes Leben nicht sehr reizvoll finden und sich nicht vorstellen können, dass ihr Zuhörer irgendetwas daran finden könnte.

Der Stellenwert der Gefühlsfunktion

FÜNFer, SECHSer und SIEBENer müssen wegkommen von der bloßen Wahrnehmung ihrer Lage und zu den damit verbundenen Gefühlen finden, um zu wachsen und sich weiterzuentwickeln. Wie bereits erwähnt, können Begleitete dazu ermutigt werden, näher auf ihre persönlichen Erfahrungen einzugehen, die sich unter ihren Worten verbergen. Dazu ist Geduld nötig, denn in immer wieder langen Phasen scheint überhaupt nichts voranzugehen.

Manchmal ist es hilfreich, wenn der Begleiter die Empfindungen der Begleiteten bestätigt, indem er über gemeinsame Erfahrungen spricht. Wählt er diesen Weg, um den Kontakt zu vertiefen, werden die Begleiteten ihn jedoch vermutlich als aufdringlich erleben, denn schließlich geht es ihnen nicht um den Kontakt mit dem Begleiter, sondern sie wollen ihr eigenes Leben besser verstehen.

Begleiter von FÜNFern, SECHSern und SIEBENern müssen sich bewusst sein, dass sie dazu neigen, alles für die Begleiteten in Worte zu fassen. Diese Versuchung ist besonders groß, wenn der Begleiter selbst eine FÜNF, SECHS oder SIEBEN ist, denn diese haben häufig Schwierigkeiten mit längerem Schweigen. Bei der Arbeit mit einer FÜNF ist dieses Problem besonders groß.

Wenn eine FÜNF, SECHS oder SIEBEN nicht mit Worten antwortet, heißt das noch lange nicht, dass sie nicht zugehört, einen Vorschlag nicht aufgegriffen oder die Tragweite des Gesagten nicht erkannt hätte. Im Gegenteil: Womöglich ist sie im Innersten zutiefst berührt und braucht nun Zeit, um die verwirrend vielen neuen Einsichten einzuordnen. Manchmal ist es hilfreich für sie, wenn der Begleiter ihr eine Rückmeldung über ihre Körperreaktionen gibt. Wird sie auf den Klang ihrer Stimme, auf unwillkürliche Bewegungen, die Haltung ihres Körpers oder den Ausdruck in ihren Augen aufmerksam gemacht, kann sie diese Wahrnehmungen berücksichtigen und die Emotionen würdigen, die sich durch den Körper ausdrücken.

Menschen der Kopftriade fällt es oft sehr schwer, sich zwischen verschiedenen Möglichkeiten zu entscheiden. Häufig kommen sie nicht aus dem Anhäufen von Informationen heraus und finden nicht zur Ebene der Gefühle, auf der die Impulse zum Handeln entstehen. Oft fühlen sie nicht, wo ihre Energie wirklich steckt und wo der Fluss des Lebens fließt, der sie zu weiterem Wachstum trägt.

Energie ist ein physikalisches Phänomen. Deswegen lässt sie sich nur körperlich erfahren oder überhaupt nicht. Durch die Körperempfindungen tritt diese Energie ins Bewusstsein. Oder mit anderen Worten: Die Kraft des Lebens wird im Körper erfahren. Daher tut ein spiritueller Begleiter, der mit einer FÜNF, SECHS oder SIEBEN arbeitet, gut daran, nicht nur auf äußere Körpersignale zu achten. Es ist vielmehr hilfreich, die Begleiteten anzuleiten, auf ihre inneren Körperreaktionen zu achten: Enge oder Verspannung, Müdigkeit oder Frische, Gelassenheit oder Unruhe, Verschlossenheit oder Offenheit.

Menschen vom Muster FÜNF, SECHS und SIEBEN sehen sich selbst als objektiv und faktenorientiert. Sie reagieren oft erstaunt, wenn andere sie als wertend und urteilend einschätzen. Anders als das Urteil, das ACHTer, NEUNer und EINSer in Sätzen wie „Das mag ich" oder „Das gefällt mir nicht" äußern, ist ihr Urteil eher distanziert. Die emotionslose Bewertung falsch/richtig, passend/unpassend gehört für sie in den Bereich der objektiven Beobachtung. Allerdings wirkt ihr Urteil oft anders.

> *„Ich weiß einfach, dass das richtig ist, ganz gleich, was sie sagt. Sie meint wahrscheinlich, sie habe das ganze Bild erfasst, aber da hat sie sich geirrt und das musste ich ihr einfach sagen. Sie muss sich darüber gar nicht so aufregen. Ich sage ihr ja nur, wie es ist. Ich zeige ihr doch nur, was sie bei ihrer Einschätzung übersehen hat. Ich fühle mich geradezu verpflichtet, sie darauf hinzuweisen."*

Ärger ist oft der Auslöser dafür, dass Menschen vom Muster FÜNF, SECHS und SIEBEN für sich selbst eintreten oder anpacken, was getan werden muss. Häufig entsteht ihr Zorn aus dem Gefühl, zum Opfer gemacht oder ausgenutzt zu werden – eine in dieser Triade häufige Empfindung. Mit zunehmender Umkehr wird ihnen bewusst, welchen eigenen Anteil sie an ihrem Opferdasein haben. Sie selbst haben zugelassen, dass man sie zum Opfer macht, und indem sie sich vom Fluss des Lebens abschneiden, laden sie andere zu Übergriffen geradezu ein. Gelangen sie zur Einsicht in diese Dynamik, richtet sich ihre Wut weniger gegen die anderen und mehr gegen sich selbst. Manche FÜNFer, SECHSer und SIEBENer fressen ihre Wut in sich hinein und versinken in hilflose Depression. Manchmal aber lernen sie daraus, ihre eigene Autorität zu behaupten, und geben Entscheidungen und Aktionen, die sie betreffen, nicht mehr so leicht aus der Hand.

Häufig geraten Menschen vom Muster FÜNF, SECHS und SIEBEN in Wut, wenn andere – oft, aber nicht unbedingt immer Autoritätspersonen – nicht das tun, was sie als richtig erkannt haben. Dabei handelt es sich um die Wut des „Pharisäers", die in dieser Triade häufig vorkommt. Mitunter wirkt diese „pharisäische" Wut wie das moralische Werturteil der EINS, sie umfasst aber immer ein legalistisches Moment.

Für FÜNFer, SECHSer und SIEBENer ist die Frage wichtig, ob sich jemand an die Regeln hält oder nicht und ob er tut, was richtig und angemessen ist. Was richtig und angemessen ist, hängt jedoch nicht zuletzt davon ab, was Menschen meinen, deren Autorität die FÜNF, SECHS und SIEBEN respektiert.

Einen Hinweis auf versteckte Wut liefert oftmals eine gewisse rechthaberische Art in der Stimme und im Benehmen. FÜNFer, SECHSer und SIEBENer wissen genau, wie etwas richtig ist, und das teilen sie anderen auch mit. In ihren Erklärungen sind sie manchmal ruhig, genau und geduldig. Je ruhiger und teilnahmsloser sie sich jedoch anhören und je sorgfältiger sie eine Situation beleuchten, desto wütender sind sie in Wirklichkeit. Teilnahmslosigkeit ist immer ein Zeichen emotionaler Distanz. Sehr häufig wahren Menschen vom Muster FÜNF, SECHS und SIEBEN Distanz zu Emotionen, zur Wut etwa oder zu der Angst, sie könnten wütend werden.

Die zwischenmenschliche Beziehung in der Begleitung

Spirituelle Begleiter sollten vermeiden, die Worte des Begleiteten echoartig zu wiederholen. Noch mehr müssen sie sich davor hüten, seine Aussagen zu interpretieren oder zu analysieren. Menschen vom Muster FÜNF, SECHS und SIEBEN reagieren sehr empfindlich, wenn man ihnen Worte in den Mund legt. Das rührt daher, dass sie ihre Worte sorgfältig überlegt haben und oft schon viel zu lange andere haben für sich sprechen lassen.

FÜNFern, SECHSern und SIEBENern fällt es oft sehr schwer, den Begleiter um irgendetwas zu bitten: Zeit, Aufmerksamkeit oder Anteilnahme. Als Kind sind sie in einer Krise häufig einfach übergangen worden. Deshalb haben sie früh die Anlage ausgebildet, zurückzutreten und anderen Familienmitgliedern den Vortritt zu lassen, die anspruchsvoller waren und sich besser behaupten konnten. Im Erwachsenenalter wissen sie, dass jetzt andere Regeln gelten, doch die alten Gewohnheiten sind zäh.

Schon bei den eher nach außen orientierten Mustern SECHS und SIEBEN, viel mehr noch aber bei einer FÜNF ist es angebracht, verbal oder nonverbal zu vermitteln: Ich bin verfügbar, ich bin bereit, mich auf dich und dein Leben einzulassen.

> *„Ich weiß schon, dass Sie es ernst meinen, wenn Sie sagen, dass Sie für mich Zeit haben. Trotzdem merke ich, wie ich versuche, mich kurzzufassen. Ich habe sogar leise Schuldgefühle, wenn ich bei Ihnen war, vor allem, wenn wir einmal die Zeit überzogen haben. Es scheint nicht ganz in Ordnung, dass Sie mir so viel Aufmerksamkeit widmen. Es fühlt sich darüber hinaus völlig fremd und seltsam an. Das erlebe ich nicht oft."*

Obwohl Menschen, um die sich ein FÜNFer, SECHSer oder SIEBENer kümmert, ihm automatisch wichtig sind – Loyalität steht für ihn an erster Stelle –, muss er sich daran erinnern lassen, sich seinen Beziehungen bewusst zu widmen und sie zu pflegen. Das bedeutet nicht nur, mit Worten und Taten zu zeigen, dass ihm seine Mitmenschen wichtig sind, sondern auch, sich ihnen anzuvertrauen und zu öffnen. Durch „Ich"-Aussagen kann er mehr von sich zeigen. Diese einfache und erprobte Methode fördert ein bewussteres, überlegteres Verhalten und unterstützt so auf gegenseitiger Offenheit beruhende Beziehungen zu anderen Menschen.

Menschen vom Muster FÜNF, SECHS und SIEBEN finden Beziehungen verwirrend, wenn es um Sicherheit und um den allmählichen Aufbau von Vertrauen geht. Wann ist es notwendig, das eigene Bedürfnis nach Wahrung der Intimsphäre zu beachten? Wann muss hingegen der Sinn von Distanziertheit und Rückzugstendenzen ernsthaft hinterfragt werden? Menschen aus dieser Triade müssen oft erst einmal Zeit gewinnen, bevor sie reagieren. Mit „Darüber muss ich nachdenken" oder einer ähnlichen Formulierung verschaffen sie sich Zeit. Häufig trifft die Aussage zu, manchmal ist ein solcher Satz jedoch auch nur vorgeschoben, um nichts von sich preisgeben zu müssen. In der Begleitung kommt es darauf an, die beiden genannten Möglichkeiten zu unterscheiden.

Gefühle offenzulegen bedeutet für Menschen vom Muster FÜNF, SECHS und SIEBEN das Gleiche wie einen Standpunkt zu beziehen, die Ausgewogenheit zu verlassen und sich eindeutig zu äußern. Das bedeutet für sie das Risiko, sich zu irren, und das heißt für sie, sich lächerlich zu machen. Der Begleiter könnte sie womöglich nicht mehr ernst nehmen. Sich die Konsequenzen der verschiedenen Entscheidungen auszumalen lässt die unterschiedlichen Möglichkeiten konkreter und realer werden. FÜNFer, SECHSer und SIEBENer können sogar mit ihren Gefühlen in Kontakt kommen, während sie sich die verschiedenen Möglichkeiten ausmalen.

Für Begleiter ist es wichtig, die Entscheidung des Begleiteten zu unterstützen, und zwar allein schon deshalb, weil es sich um seine eigene Entscheidung handelt. Die zur rechten Zeit gestellte Frage „Was wollen Sie wirklich?" kann dem Begleiteten den Rücken stärken. Sie zeigt nämlich, dass es nicht Aufgabe der Begleiter ist, die Richtlinien vorzugeben. Es ist in Ordnung, erwachsen und deshalb die beste Entscheidung, die Vorstellung aufzugeben, der Begleiter sei der absolute Experte. Alles, was diese Einstellung fördert, kann den Begleiteten darin unterstützen, seiner eigenen Autorität zu vertrauen. Zudem wirkt die Einsicht, dass nicht jede Entscheidung endgültig und perfekt sein muss, tröstlich und befreit zu selbst getroffenen Entscheidungen.

Haben Menschen vom Muster FÜNF, SECHS und SIEBEN zu ihrer eigenen Autorität gefunden, muss der Begleiter ihnen, wie bereits erwähnt, Zeit zum Nachdenken und zur Diskussion lassen, bis sie mit ihren Entscheidungen vertraut sind. Doch hier lauert ebenfalls eine Falle: FÜNFer, SECHSer und SIEBENer ziehen das Gespräch oft in die Länge, um in Erfahrung zu bringen, was der Begleiter denkt. Dahinter steht die Absicht, herauszufinden, was sie selbst denken sollen. Das gilt vor allem dann, wenn sie den Begleiter als Experten betrachten, wie dies häufig geschieht. Der Begleiter kann ihnen helfen, sich von der Fixierung auf ihn zu lösen, indem er dazu ermuntert, sich auf kleine Mutproben einzulassen. So lernt der Begleitete allmählich, sich auf seine eigene Reaktion zu verlassen.

Das Leben besteht aus einer endlosen Kette kleiner Schritte, nicht aus riesigen Sprüngen. Der Mensch kommt weiter, indem er sich jeden Tag konsequent ein wenig voranbewegt. Es nutzt nichts, erstarrt zu verharren und dann mit großer Anstrengung voranzustürmen, um den Rückstand aufzuholen. Das Leben Schritt für Schritt anzugehen kann FÜNFern, SECHSern und SIEBENern einen Bezug zur Bewegung und damit ein Gefühl für ihren Lebensfluss verschaffen. So können sie sich nach und nach dem Leben öffnen. Mit Übungen, die mit den Bewegungen „vor/zurück" bzw. „anhalten/weitergehen" zu tun haben, erfahren sie auch körperlich eine gleichmäßigere Bewegung in stetigen kleinen Schritten.

Sich auf der Suche nach dem richtigen Weg im Leben nach dem Begleiter zu richten kann aber auch positiv sein. Oft scheuen Menschen vom Muster FÜNF, SECHS und SIEBEN nämlich, eine Aufgabe anzupacken oder ein Projekt oder eine Arbeit in Angriff zu nehmen; sie erscheint ihnen zu schwer und sie fühlen sich nicht in der Lage, sie zu bewältigen. Gibt ihnen eine Vertrauensperson zu verstehen, dass sie ihnen die Sache zutraut, kann ihnen das den nötigen Mut geben, es zu versuchen. Sie sind bereit, das Risiko einzugehen und sich auf Unbekanntes und Unsicheres einzulassen.

Es ist wichtig, die Gedanken und Einsichten von Menschen

des Musters FÜNF, SECHS und SIEBEN in geeigneten Momenten zu bestärken. Das hilft ihnen nicht nur, sich selbst zu trauen, sondern trägt auch dazu, dass sie Interaktion als Weg zur Weisheit erkennen. Der Austausch von Ideen und Beobachtungen, von Gefühlen und Einsichten macht nicht nur verletzlich, sondern fördert auch Wachstum und Entwicklung. Dieser Austausch vertieft und erweitert das Bewusstsein und begünstigt die Fähigkeit zu kontemplativer Offenheit und zum Loslassen. Bestärkung geht über reine Bestätigung hinaus, denn sie fördert die eigenständige Urteilsbildung des Begleiteten und gibt ihm Vertrauen in sein eigenes Wissen.

Schließlich muss jeder, der eine FÜNF, SECHS oder SIEBEN begleitet, auf ihr zwanghaftes ständiges Sammeln neuer Fakten und Daten achten. Menschen dieser Triade müssen ihrem Wissensdrang Grenzen setzen und eine Erfahrung davon bekommen, wann ausreichend Information und Wissen zur Verfügung stehen. Manchmal hilft dazu die einfache Frage: „Wie fühlt es sich an, genug zu haben?"

Diese Frage verschiebt den Fokus vom Durchspielen möglichst vieler verschiedener Möglichkeiten auf die Ebene der persönlichen Erfahrung. Wie fühlt sich „genug" an? Wann bin ich fertig mit Schauen und Beobachten? Welche der vielen Möglichkeiten, die ich in Erwägung ziehe, berührt mich auf der Gefühlsebene, oder anders gesagt, welche möchte ich persönlich in irgendeiner Weise verwirklicht sehen? Die gleiche Wirkung hat die Frage: „Bei welchen Möglichkeiten fließt Energie?" Energie und Emotionen bestehen nämlich immer gemeinsam. Sich daran zu erinnern ist wichtig für FÜNFer, SECHSer und SIEBENer.

Das Ziel besteht also darin, mit dem Begleiteten herauszufinden, welche Möglichkeiten gangbar, realistisch und lebensspendend sind. Erfährt er Hilfe dabei, mit seinen Gefühlen in

Kontakt zu kommen, wird er allmählich den Standpunkt des bloßen Beobachters verlassen und sich dem Fluss des Lebens anvertrauen. Oft geht es nur um kleine Entscheidungen. Die FÜNF, SECHS oder SIEBEN lernt, dass diese kleinen Entscheidungen gar nicht so furchterregend sind. Diesen Lernschritt zu ermöglichen ist eine der Hilfestellungen, die Begleiter in dieser Triade leisten können.

7. Kapitel

Die Begleitung einer FÜNF

Anders als in vielen Beschreibungen des FÜNFer-Musters zu lesen ist eine FÜNF nicht unbedingt intellektuell oder belesen. Sie konzentriert sich auf die Wahrnehmung und sammelt Daten und Informationen. Sie ist ständig auf der Suche nach irgendeinem Schlüssel zum Sinn des Ganzen; sie glaubt oder hofft zumindest, dass es irgendwo eine Konstruktionszeichnung oder innere Landkarte gibt, aus der das in der scheinbar so chaotischen Realität verborgene Ordnungsprinzip hervorgeht.

FÜNFer hegen große Befürchtungen, die innere Ordnung bzw. das System, das sie erstellt haben, um das Chaos zu bändigen, könnte durcheinandergeraten. Wird ihr System durch neue Informationen erschüttert, verlieren sie die Orientierung und ziehen sich solange in die Defensive zurück, bis sie herausgefunden haben, ob die neuen Daten zutreffen und ob sie sich einordnen lassen. Sobald sie den neuen Input mit ihrem vorhandenen Wissen in Einklang gebracht haben, gewinnen sie ihr Selbstvertrauen zurück. Ihre Lähmung schwindet, sie fühlen sich wieder sicher.

Wer eine FÜNF spirituell begleitet, muss diese Dynamik kennen, vor allem wenn sie zu tieferen Ebenen vordringt. Widerstände können durchaus echt sein, sie entstehen jedoch aus dem gerade beschriebenen unbewussten Prozess. Die FÜNF braucht Zeit, um den Kontakt zu sich selbst wiederherzustellen und das Neue zu integrieren.

Hat eine FÜNF die Orientierung verloren, weiß sie aus Erfahrung, dass sie nun leicht ausnutzbar ist. Solange sie nicht zu einer neuen Ordnung der Dinge gefunden hat, ist sie leichtgläubig und wirkt – zumindest in ihren eigenen Augen – dumm. Es ist wichtig für sie, dass sie einen Begleiter findet, der ihr Sicherheit gibt, der sie nicht nötigt oder drängt, der nicht an ihrer Stelle spricht, sie nicht unterbricht oder für unbedeutend hält. Solche und ähnliche Reaktionen, die mangelnden Respekt verraten, wecken in ihr das Gefühl, zum Objekt gemacht zu werden.

Ihre Lebenserfahrung hat die FÜNF gelehrt, sich selbst zu genügen, um Situationen zu vermeiden, in denen sie ausgenutzt werden könnte. Sie hat Hemmungen, ihre Bedürfnisse nach Zeit, Aufmerksamkeit und Präsenz anzumelden, und auch ihre materiellen Bedürfnisse erfüllt sie sich lieber selbst. Ein Begleiter einer FÜNF muss sich eventuell mehr als bei anderen Mustern auf Themen einlassen, die mit Gesundheit, Schlaf, Diäten und Verdauungsproblemen zu tun haben. Darin finden sich nicht nur Hinweise auf den körperlichen, sondern auch auf den seelischen Zustand. Eine FÜNF übersieht gerne die Signale von Krankheit, Schmerzen und sonstigen körperlichen Beschwerden; oft muss sie von anderen daran erinnert werden.

Natürlich ist die Unterscheidung wichtig, ob der Drang der FÜNF, Beobachtungen und Gedanken zu sammeln und dann alleine darauf herumzukauen, eine gesunde oder eine unerlöste Reaktion auf ihren instinktiven, von Wahrnehmung geprägten Zugang zur Wirklichkeit ist. Die bloße Frage danach genügt manchmal, um sie aus dem zwanghaften Rückzug herauszulocken. In manchen Fällen hilft es der FÜNF an dieser Stelle, wenn man sie bittet, den Rückzugsimpuls mit früheren Situationen in ihrem Leben in Beziehung zu setzen. Wenn es gelingt, die FÜNF mit ihrer eigenen emotionalen Geschichte, besonders mit Angst und Leiden, in Kontakt zu bringen, kann sie sich für ihre eigenen Antworten öffnen. Die Einflussnahme des Begleiters kann dann gering bleiben.

Kann die FÜNF ihre eigenen Fragen stellen und diese aus ihrer eigenen Lebensgeschichte heraus beantworten, zeugt das von einem bemerkenswerten Maß an Selbstbestimmung und Reife. Sie hat gelernt, ihre Vergangenheit zu würdigen, statt sie zu vergessen, und beginnt zu verstehen, was die Ereignisse ihres Lebens aus ihr gemacht haben.

Eine FÜNF zieht aus nur wenigen Erfahrungen oft großen Erkenntnisgewinn. Was dem Begleiter womöglich als schmale Informationsbasis erscheint, kann für eine FÜNF ein ganzer Schatz an Einsichten sein. Das Zwangsmuster der FÜNF, sich dem Leben gegenüber distanziert zu verhalten, äußert sich nicht nur in materiellem Geiz, sondern auch in ihrer Wahrnehmung der Welt. Das Leben erscheint ihr oft ärmlich und karg, so wie es ihr am Reichtum von Gefühlen und Einsichten mangelt.

Für einen Begleiter, der einer anderen Triade des Enneagramms angehört, kann das manchmal zum Problem werden. Ist er eine ACHT, NEUN oder EINS, kann die Arbeit mit einer FÜNF in der Herausforderung bestehen, aufmerksam und engagiert zugewandt zu bleiben. Womöglich fällt es ihm schwer, sich zu konzentrieren, weil er mit Langeweile und Schläfrigkeit zu kämpfen hat. Begleiter vom Muster ZWEI, DREI oder VIER erliegen häufig der Versuchung, der Sitzung Energie zu geben, indem sie Zeiten des Schweigens nicht einhalten, zu viel fragen oder dem Begleiteten Worte in den Mund legen, die dieser gar nicht sagen wollte. Der Austausch vertieft sich dann nicht, sondern verringert sich eher.

„Spirituelle Begleitung ist ein echtes Problem für mich. Ich weiß einfach nicht, was ich sagen soll, wenn ich da sitze. Entweder ist die Angelegenheit schon erledigt und dann hat

es keinen Zweck, sich noch einmal damit zu befassen. Oder sie ist so verzwickt, dass ich sie nicht in Worte fassen kann, auch wenn ich mir die größte Mühe gebe. Manchmal frage ich mich ehrlich, wieso ich mich auf die spirituelle Begleitung überhaupt eingelassen habe."

Lässt sich eine FÜNF wirklich auf den Prozess der Begleitung ein, ist sie oft so sehr damit beschäftigt, ihr Leben zu betrachten, dass nichts bleibt als ihr zuzusehen. Sie kann so stark von dem Wunsch gefesselt sein, das Geschehen zu erkennen, dass sie vergisst, dass der Begleiter auch noch da ist. Sobald sich etwas geklärt hat und nicht mehr bloß theoretisch, sondern tatsächlich anschaulich geworden ist, ist für die FÜNF alles klar. Deswegen geht sie davon aus, dass es auch dem Begleiter klar ist. Denn dieser muss ja auch sehen, was sie sieht.

Die Wirklichkeit zu „sehen" ist für das FÜNFer-Muster wohl wichtiger als für jedes andere. Weil der Akzent so sehr auf dem Sehen liegt, verliert das Gehör an Bedeutung, ja, kann sogar völlig vergessen werden. Eine FÜNF kann völlig überhören, was der Begleiter sagt oder fragt, so beschäftigt ist sie mit dem, was für sie offensichtlich ist – und für jeden offensichtlich sein muss, der es zusammen mit ihr betrachtet.

Die Bitte, ihre kurzen und oft kryptischen Bemerkungen genauer zu erklären, kann die FÜNF wieder ins Reich des Gehörs zurückholen, sodass sie wieder beginnt, sich selbst und den Begleiter zu hören. Dieser Austausch kann sie darüber hinausführen, lediglich ihre eigenen Wahrnehmungen zu ordnen und zusammenzufügen. Spricht sie ihre Ideen laut aus, klingen sie oft übermäßig objektiv. Der Begleiter hilft ihr, ihre Einstellung zur Wirklichkeit zu erkunden, wenn er sie auf ihre distanzierte Redeweise aufmerksam macht.

Stellt der Begleiter einer FÜNF eine Frage, kommt es ihm manchmal so vor, als fordere er sie auf, noch einmal zu wiederholen, was ihr längst klar ist. Die Bitte an die FÜNF, ihre Erfahrungen in Worte zu fassen, erfüllt jedoch einen wichtigen Zweck. Dadurch stellt die FÜNF nämlich die Verbindung zur Außenwelt her und erlebt die positiven Aspekte von Selbstausdruck und Beziehung. Die Wahrnehmung eines anderen Menschen kann sehr wohl die eigene Wahrnehmung bereichern. Betrachtet ein Außenstehender die Lebensgeschichte der FÜNF mit Respekt und Sensibilität, dann kann auch sie ihre Lebensgeschichte selbst würdigen und mit Respekt betrachten.

So kann die Beziehung in der spirituellen Begleitung ein Modell für andere Beziehungen im Leben der FÜNF werden. Sie entdeckt, dass es Menschen gibt, die ihr zuhören und sie verstehen und die Wertvolles zu ihrem Selbstverständnis beitragen können. Herrscht eine Atmosphäre der Sicherheit, in der sich die FÜNF nicht angetrieben fühlt und in der dennoch eine gewisse Verantwortlichkeit und eine Bereitschaft zur Selbstmitteilung von ihr erwartet werden, bekommt ihr Leben mehr Saft und Kraft. Sie gewinnt mehr Tiefe und Reichtum und einen besseren Zugang zu ihren Gefühlen. Die innere Welt der FÜNF steht offen, wenn die durch ihre Befürchtungen hervorgerufene Lähmung weicht und sie die Tür öffnet. Das Leben läuft nicht mehr an ihr vorbei, sondern gewinnt noch mehr an Wert, indem sie es mit anderen teilt.

An wahrscheinlich keiner anderen Stelle im Enneagramm ist es so wichtig wie hier, den Begleiteten zu einer Reaktion zu bewegen, allerdings so rücksichtsvoll und einladend wie nur möglich. Das bedeutet für den Begleiter unter anderem, dass er die wachsende Bereitschaft des Begleiteten würdigen und – bewusst oder intuitiv – seine Wertschätzung zum Ausdruck bringen muss. Ist die Zeit reif, kann es vorkommen, dass der Begleiter völlig überrascht wird von der überbordenden Mitteilsamkeit seines Gesprächspartners. Der Begleiter muss auch diesem Mitteilungsdrang zugewandt begegnen, selbst wenn er wieder übertrieben erscheinen mag. Für den Begleiteten ist er wichtig und deshalb muss er auch für den Begleiter wichtig sein.

„Ich habe nie wirklich daran geglaubt, dass sich irgendjemand dafür interessiert, was in mir vorgeht. Dann bin ich zu Anna zur spirituellen Begleitung gegangen. Ich glaube, es waren ihre Augen, wie sie mich angeschaut hat, mit so viel Respekt und Zugewandtheit und Aufmerksamkeit. Ich habe erlebt, dass ein anderer auch sieht, was ich sehe, und sich Zeit für das nimmt, wofür ich mir Zeit nehmen möchte. Ich war wertvoll für jemanden – nach all den Jahren."

8. Kapitel

Die Begleitung einer SECHS

Die SECHS hat etwas Unentschlossenes. Ihre typische Ambivalenz hat damit zu tun, dass sie stets mehrere Möglichkeiten sieht und Schwierigkeiten hat, sich für eine zu entscheiden. Angeblich ist ihr Verhalten von allen Enneagrammmustern am schwersten vorhersagbar. Man kann kaum vorher wissen, welche Reaktion in irgendeiner gegebenen Situation zu erwarten ist. Wird sie aus sich herausgehen oder sich zurückziehen? Das ist niemals sicher.

Die SECHS projiziert ihre Ambivalenz gerne auf jemand anderen und wirft ihm dann vor, sich nicht entscheiden zu können. Für den Begleiter ist es wichtig zu unterscheiden, ob die SECHS mit einer Ablehnung ihre Unfähigkeit, sich zu entscheiden, zum Ausdruck bringt oder ob sie wirklich Nein sagt. Wenn eine SECHS sagt: „Ich kann nicht", meint sie in Wahrheit häufig: „Ich will nicht." Dieses „Ich will nicht" resultiert oft aus der Angst davor, sich aus dem sicheren Rückzugsgebiet des Nachdenkens hinauszubegeben und sich auf ein Risiko einzulassen, das mit Engagement und Aktion verbunden ist.

Wird eine SECHS dann doch aktiv, ist der Beweggrund oft Pflichtbewusstsein oder Gehorsam. Beruht das Pflichtbewusstsein lediglich auf dem Gefühl, tun zu müssen, was eine Autoritätsperson fordert, ist das Ergebnis ein vorsichtiges, unsicheres und halbherziges Verhalten. Ergibt sich das Pflichtbewusstsein hingegen aus einer affektiven Bindung, kann die SECHS ruhig und stark agieren, welche Widerstände ihr auch entgegenstehen mögen.

Eine Hauptaufgabe für den Begleiter einer SECHS ist es daher, zusammen mit ihr die Tiefe der Gefühle auszuloten, die mit den Aufbrüchen und Entscheidungen in ihrem Leben in Zusammenhang stehen.

Welche Entscheidung unter den vielen möglichen sich schließlich als die richtige und passende erweist, hängt davon ab, wie sie sich auf der emotionalen und auf der Körperebene anfühlt. Wird diese Unterscheidung nicht getroffen, springt die SECHS hin und her zwischen einer vorsichtigen, unsicheren Haltung, die sich in ihrer Stimme, ihrem Körper und in der Sprechweise zeigt, und der genau gegengesetzten Haltung. Die SECHS verhält sich dann felsenfest überzeugt von etwas, dogmatisch, manchmal gönnerhaft in Worten und im Verhalten. Dieses Hin und Her zwischen Unsicherheit und absolut sicherer Überzeugung signalisiert, dass die SECHS sich in ihren Gedanken verliert und im Geist eine Option bzw. eine Möglichkeit nach der anderen durchspielt.

Für den Begleiter ist es wichtig, die Qualität der Entscheidung abzuwägen, die ihm die SECHS präsentiert. Zeigt sich die SECHS ruhig und bestimmt, entspringt ihre Entscheidung ihrer inneren Autorität. Ist das nicht der Fall, ist das möglicherweise ein Hinweis darauf, dass die SECHS die Entscheidung getroffen hat, um einer als gefährlich empfundenen Situation zu entgehen. Möglicherweise hat sie auch intuitiv aufgenommen, was der Begleiter als Autoritätsperson für die angemessene Entscheidung hält. Hat die SECHS eine Entscheidung nicht aus ihrer Mitte getroffen, wird das wahrscheinlich wieder zu Ambivalenz und Zögerlichkeit führen. Wenn eine Entscheidung für den Begleiter auch endgültig wirkt, ist sie es womöglich trotzdem nicht. Es kann gut sein, dass die SECHS wieder von vorne beginnt, wieder Vollgas gibt und sofort anschließend auf die Bremse steigt – immer hin und her, wie Richard Riso formuliert.

„Ich war absolut sicher, dass wir in der letzten Sitzung die Frage, wie sie sich dem Chef gegenüber verhalten sollte, endgültig ad acta gelegt hatten. Franziska schien fest entschlossen und absolut selbstbewusst. Sie wusste genau, was sie sagen und tun wollte. Und dann waren wir plötzlich wieder am Ausgangspunkt – dieselbe Angst, nichts war passiert. Sie saß da wie ein Häufchen Elend. Im Rückblick wurde mir klar, dass nicht Franziska diesen Aktionsplan entworfen hatte, sondern ich. Sie hatte sich von meiner Begeisterung anstecken lassen. Das kam alles gar nicht von ihr. Sie dachte, ich wollte es. Also versuchte sie, dasselbe zu wollen."

Die SECHS hat etwas Einladendes, ja, Verführerisches. Sie gibt sich gerne verspielt und neckisch und verfügt über einen schrulligen, ansteckenden Humor. Ihr inneres Kind äußert sich arglos und offen; sie sieht sich selbst als unschuldig und wehrlos und fürchtet, die anderen könnten sich gegen sie verschwören und sie verletzen. Das zeigt, wie schutzlos sie sich fühlt, wenn sie es wagt, sich ihrer Umwelt zu öffnen und mit Menschen in Kontakt zu treten. Nach Helen Palmer identifiziert sich die SECHS mit dem Underdog, dem Unterlegenen, während die ACHT sich als diejenige sieht, die dem Underdog zur Seite steht und dafür sorgt, dass ihm Gerechtigkeit widerfährt.

Die anziehende und liebenswerte Art der SECHS zeigt sich in häufigem Lächeln. Die Kehrseite sind die Vorsicht, das Misstrauen und im Extremfall die Paranoia der SECHS. Wer persönlich oder im Zusammenhang der spirituellen Begleitung mit einer SECHS zu tun hat, muss unterscheiden zwischen ihren echten Wahrnehmungen und den Projektionen, die aus ihrem Gefühl der Unsicherheit oder des Misstrauens entstehen.

Eine SECHS kann andere scharf kritisieren; ihre Anklagen enthalten oft etwas Selbstgerechtes. Sie wird zornig, wenn der Begleiter oder eine andere Autoritätsperson ihre Illusionen zerstört. Wütend kann sie auch werden, wenn sie selbst Autoritätsperson ist und von den anderen nicht genügend respektiert wird. Diese Wut empfindet sie weniger deshalb, weil sie sich selbst für so bedeutend hält, sondern eher weil ihr der Respekt vor einer Autorität an sich wichtig ist, ganz gleich, um wen es sich dabei handelt. Nach Helen Palmer hat die SECHS nicht so sehr Angst vor Gefahr, sondern vielmehr vor der Autorität und davor, was diese ihr vielleicht antun könnte. Wenn sie an sich arbeitet, erkennt die SECHS, dass sie ihren Autoritäten die Macht überlassen hat und sich nun vor den Konsequenzen fürchtet.

Der Begleiter muss der SECHS dann vermitteln, dass er ihr auf dem Weg zur Entscheidung und zum Handeln zur Seite steht. Entscheidung und Handlung sind für die SECHS die besonderen Herausforderungen auf dem Weg der Umkehr. Wenn sie sich in die Ecke gedrängt fühlt und ihre Loyalität und ihr Pflichtgefühl dazu geführt haben, dass sie sich hat ausnutzen lassen, muss der Begleiter sie dabei unterstützen, die Wut über ihre Bedrängnis zuzulassen. Er muss der SECHS helfen zu verstehen, was ihr die Wut sagen will. Wird sie hingegen traurig und grüblerisch, weil sie wegen ihrer Verwirrung und Ohnmacht unfähig war zu handeln, muss er sie darin unterstützen, sich selbst anzunehmen.

Besonders sollte der Begleiter auf Hemmungen achten, denn die SECHS drückt sie nicht offen aus, sondern neigt dazu, sich zurückzuziehen und sich selbst anzuklagen. Sie hasst ihre Hilflosigkeit, fühlt sich aber außerstande, etwas dagegen zu unternehmen, schon gar nicht alleine. Manchmal hilft es, sie zur Teilnahme an einer Selbsthilfegruppe zu ermuntern. FÜNFer und SECHSer profitieren wahrscheinlich am meisten von der Gruppensituation. Dort können sie lernen, ihre Erfahrungen auszudrücken, und finden Unterstützung und Beistand.

Spürt eine SECHS, dass ihr Begleiter sie akzeptiert, und lernt sie, sich selbst besser zu akzeptieren, geht ihr auf, dass der zwanghafte Sprung in den Aktionismus nicht die angemessenste Reaktion ist. Je besser sie sich versteht, umso deutlicher erkennt sie, welche Reaktion richtig ist – wenn überhaupt eine Reaktion erforderlich ist! Manchmal hilft ihr ein Wortspiel zum Verständnis ihrer selbst und ihrer Situation. Ein Traum, in dem ein Wortspiel vorkommt, kann den nötigen Humor beisteuern, den die SECHS braucht, um sich selbst nicht so wichtig zu nehmen.

> *„Ich habe heute nach von den Gebrüdern Grimm geträumt. Sie schrieben mein Leben nieder, ein Kapitel nach dem anderen, ein Ereignis nach dem anderen und ich las laut vor, was sie geschrieben hatten. Meine Stimme wurde immer tiefer, bis ich sie gar nicht mehr hören konnte. Da sagte mir jemand ins Ohr: ‚Ja, du bist auch so ein grimmiger Bruder.‘*[7] *Als ich aufwachte, dachte ich: ‚O ja, das kannst du laut sagen!‘“*

In der Tat kann die SECHS grimmig und gnadenlos gegen sich selbst und gegen andere sein, besonders wenn Gesetze wichtiger werden als das Leben. Es ist eines ihrer Zwangsmuster, dass sie extrem wichtig nimmt, was eine beliebige Autoritätsperson als richtig hinstellt. Dieses Gesetz von Recht und Ordnung wird zum Dreh- und Angelpunkt ihrer Existenz. Ihr Leben und das aller anderen dreht sich nur darum. Hält sie sich nicht an das Gesetz, muss sie es aktiv brechen

7 Im Englischen ist das Wortspiel deutlicher: „The Grimm brothers“ und „a grim brother“ (Anmerkung des Übersetzers).

oder beugen, wenn das passender erscheint. Aus dem Sinn kommt das Gesetz ihr aber nie.

Macht der Begleiter die SECHS auf diese Dynamik aufmerksam und unterstützt er sie dabei, auf die Übertreibungen dabei zu achten, kann das der SECHS helfen, ihr System von Regeln, Anweisungen, Ordnungen und Richtigkeiten in eine Perspektive zu bringen, die befreit, statt zu fesseln und zu behindern. SECHSer werden vor lauter Pflichtbewusstsein und Bestreben, alles richtig zu machen, manchmal geradezu lebensuntüchtig. Alles, womit der Begleiter die SECHS dazu bringt zu verstehen, wie sich ihre Angst bis in irrationale Dimensionen aufbläht, trägt zu ihrem Wachstum und ihrer Entwicklung bei. Denn durch diese Erkenntnis wird es der SECHS möglich, sich allmählich dem Fluss des Lebens anzuvertrauen und die Panikattacken zu überwinden, die sie im unerlösten Zustand immer wieder quälen.

Der Begleiter muss Teil dessen werden, was die SECHS als sicheres Rückzugsgebiet empfindet. Das heißt nicht, dass es seine Aufgabe ist, sie vor allen Verletzungen zu schützen. Vielmehr muss er eine geschützte Atmosphäre schaffen, in der die SECHS ihre Rüstung ablegen und sich frei und ungezwungen bewegen kann. Eine solche Atmosphäre ermöglicht es ihr, trotz der Unzahl an Möglichkeiten zu einer Entscheidung zu kommen, ohne dabei kritisiert zu werden.

Der Begleiter kann die Autorität, die SECHSer ihm zuschreiben, dazu nutzen, sie zu ihrer eigenen inneren Autorität hinzuführen. Wenn sie diese eigene Autorität gefunden haben, sind sie auf der Ebene ihrer Gefühle angelangt. Sie finden zu einem inneren Selbstvertrauen, auf das sie sich verlassen können, indem sie ihre eigene Auswahl treffen unter den Abertausenden von Möglichkeiten, von denen sie zumeist zahlreiche selbst aufbauen, um nicht aktiv werden zu müssen und damit in Sicherheit bleiben zu können. Freiheit und Initiative treten an die Stelle von Unentschlossenheit, wenn die SECHS den Weg der Umkehr beschreitet, unterstützt von einem Begleiter, der sie ermutigt, sich selbst zu vertrauen.

9. Kapitel

Die Begleitung einer SIEBEN

Es ist ein weit verbreiteter Irrtum, SIEBENer seien immer glücklich. Das sind sie keineswegs, allerdings geht ihr Bestreben dahin, das Leben angenehmer und erfreulicher zu gestalten. Sie lieben es, von vielen verschiedenen Möglichkeiten zu träumen und sich die allerbeste davon auszumalen. Sie geben sich aufgeschlossen und freundlich, allerdings kaschiert diese soziale Reaktionsweise oft nur eine tiefe Verunsicherung. Müssen SIEBENer den sicheren Bereich verlassen, der für sie einen so großen Wert hat, fühlen sie sich schutzlos.

Die Angst der SIEBEN kann erschreckende Ausmaße annehmen. Diese Angst hat mit Einsamkeit und Verletzlichkeit zu tun, hängt aber auch damit zusammen, dass die SIEBEN das Chaos, das alle Menschen der Muster FÜNF, SECHS und SIEBEN bedroht, besonders intensiv empfindet. Die Anregung der Sinne ist bei der SIEBEN so stark ausgeprägt, dass sie die Realität völlig überdimensioniert wahrnimmt. Die Wahrnehmung ist das Lebensprinzip aller Menschen vom Muster FÜNF, SECHS und SIEBEN. Die SIEBEN, die in ganz besonderem Maße von Eindrücken bombardiert wird, wird von ihren Wahrnehmungen geradezu überschwemmt. Wohl jeder hat schon erlebt, wie in einer schlaflosen Nacht Ängste und Probleme ins Unermessliche wachsen können. Das ist ein gutes Bild für die gesteigerte Empfindlichkeit der Sinne einer SIEBEN. Kein Wunder, dass die SIEBEN das Dunkel in Licht verwandeln möchte.

Vor dem Hintergrund dieser Beobachtungen wird verständlich, dass die SIEBEN in der spirituellen Begleitung ein besonders sicheres Umfeld braucht. Sie wird zwangsläufig aus sich herausgehen und ebenso zwangsläufig große Angst empfinden. Sie braucht einen Begleiter, der für ihr Weltbild großes Verständnis hat und sie bei ihrem Bemühen unterstützt, einen Ort zu schaffen, an dem ihr kein Leid geschieht. Hat die SIEBEN einen solchen Begleiter gefunden, ist sie eher in der Lage, das Ausmaß des Chaos zuzugeben, das sie empfindet, und kann sich darauf einlassen, es anzuschauen.

Lässt sich der Begleiter vom Auftreten einer SIEBEN täuschen und nimmt sie als heiteren, fröhlichen Menschen, tut sie ihm den Gefallen und spielt mit Plänen, Beispielen und Systemen, die ihr Vergnügen bereiten. Gelingt es dem Begleiter jedoch, ihre scheinbare Unbeschwertheit zu durchschauen, ermöglicht er der SIEBEN damit, zuzugeben, wie dunkel, einsam und peinigend die Welt in ihren schlimmsten Befürchtungen ist. Sie argwöhnt, alles habe keinen Sinn, meint jedoch, die Realität zusammenhalten zu können, wenn sie sich so verhält, als gäbe es doch einen Sinn im Leben. Ihre Grundeinstellung, die sie mit Worten oder im Verhalten ausdrückt, heißt: Alles wird gut. So versucht sie tapfer, das Leben zu meistern.

„Ich habe jetzt mein neues Haus eingerichtet und es ist sehr gemütlich und einladend geworden. Ich möchte gerne heimkommen und mich zu Hause fühlen. Ich mache alle möglichen Pläne, womit ich mich beschäftigen kann. Aber wissen Sie was? Ich bin nie daheim. Irgendwie halte ich es da einfach nicht aus. Ständig gehe ich mit meinen Freunden in die Kneipe; wir sitzen herum und reden, bis wir alle Probleme der Welt gelöst haben. Dann geht es mir gut."

Die SIEBEN beeindruckt ihr Gegenüber mit ihrem umfangreichen Wissen und der Fülle an Erkenntnissen, über die sie auf vielen Gebieten (einschließlich der spirituellen Begleitung) verfügt. Manchmal hören sich diese Erkenntnisse nicht nur nach Kopfwissen an, sondern die SIEBEN spricht so klar, als sei sie tatsächlich in Kontakt mit den Problemen und Grundthemen ihres Lebens. Während Menschen vom Muster ZWEI, DREI und VIER durch Schweigen in Beziehung bleiben, hält die SIEBEN das Gespräch in Gang, um ihrer Angst zu entgehen. Meist merkt sie gar nicht, dass dies der Grund für ihre Gesprächigkeit ist, so sehr ist sie von ihrer Angst abgeschnitten. Schreitet die SIEBEN im Prozess der Umkehr weiter voran, ist es Aufgabe des Begleiters, sie behutsam von ihrem Bemühen wegzuholen, ihre Ängste, die sich nicht länger leugnen lassen, mit einem Wortschwall von Plänen, Ideen und Möglichkeiten zuzudecken.

Das ist nicht immer ganz leicht. Ihre Ideen können für den Begleiter in Bezug auf sein eigenes Enneagrammmuster höchst interessant sein. Er findet es oft sehr anregend, einer SIEBEN zuzuhören, oder es macht ihm einfach Spaß, die Kinderrolle einzunehmen. Die Versuchung, sich zurückzulehnen und der SIEBEN vergnügt zuzuhören, kann den Intentionen der spirituellen Begleitung entgegenwirken. Andererseits nutzt es jedoch überhaupt nichts, die SIEBEN brutal mit ihrer Finsternis und ihrem Schmerz zu konfrontieren. Es ist besser, die bedrohlichen Aspekte ihrer Realität nur immer wieder kurz und ohne Druck zu berühren. So kann die SIEBEN sich allmählich an sie gewöhnen.

Häufig lässt sich in der Begleitung bei der SIEBEN eine Fixierung auf das Thema der Treue in Beziehungen feststellen. Alles Neue erfüllt die SIEBEN mit Begeisterung. Ungeduldig wie ein Kind will sie alles sofort haben – sei es etwas zu essen oder sonst ein Genuss, sei es eine Reaktion. Oder sie hat plötzlich den Impuls, Pläne und Vorhaben über den Haufen zu werfen, wenn ihr etwas anderes wichtiger scheint.

Es fällt der SIEBEN schwer, die Befriedigung ihrer Bedürfnisse aufzuschieben. In Bezug auf andere Menschen kann das zu einer Einstellung führen, die sich mit den Worten „Aus den Augen, aus dem Sinn“ umschreiben lässt. Kommt ein neuer Mensch daher, ist die SIEBEN fasziniert und will sich mit ihm einlassen, selbst wenn das einer früher eingegangenen Bindung zu einem anderen Menschen widerspricht. Da Sinnlichkeit für die SIEBEN sehr wichtig ist, spielen sexuelle Aspekte oft eine große Rolle.

SIEBENer sind neugierig und freundlich. Sie haben aber mitunter auch heftige Wutausbrüche, die ihren Begleiter in ihrer Plötzlichkeit und Heftigkeit erstaunen und erschrecken können. Wie bei der SECHS können diese Anfälle dadurch ausgelöst werden, dass sich die SIEBEN eingeengt und in eine Ecke gedrängt fühlt, und zwar entweder durch eine Entscheidung, die sie selbst getroffen hat, oder weil ihre Wünsche nicht erfüllt werden. Diese Aggression deutet häufig auf ihre Panik angesichts von Schmerz und Verlust hin. Meist flackert die Aggression nur kurz auf und sobald sie verpufft ist, kann die SIEBEN wieder zu anderen Themen übergehen.

Die SIEBEN kennt noch eine andere, eher ruhige Wut. Sie zeigt sich in schonungsloser Offenheit, in intellektuellen Spitzen oder in scheinbar gutmütigem Auf-die-Probe-Stellen. Durch diese Art der Aggression findet die SIEBEN heraus, wo der andere steht, was er zu einem bestimmten Thema denkt und wie seine Ideen oder er selbst in bereits bestehende Schemata hineinpassen. Die Absicht ist durchaus sozial. Ihren Ursprung hat diese Aggression in der Angst vor dem Chaos, die einem Großteil des Verhaltens der SIEBEN zugrunde liegt.

„Ständig machte er so kleine bissige Bemerkungen und wartete dann, wie ich reagiere. Es war wie ein Spiel, ein Wettkampf, wenn auch mit einer gewissen Schärfe. Ungefähr so,

als ob er schüchtern hinter der Tür hervorlächeln und zugleich mit Handgranaten werfen würde. Erst allmählich lernte ich, dass dies seine Art war, mit mir in Kontakt zu bleiben. Als ich das begriffen hatte, sprachen wir darüber und die Situation entspannte sich spürbar."

SIEBENer fürchten zutiefst, im Verstandesbereich nicht auf der Höhe zu sein. Etwas nicht oder nur teilweise zu wissen und nicht einordnen zu können bedeutet für sie einen Kontrollverlust. Sie befürchten, in die alles bedrohende Unordnung zu stürzen.

Die Anregung, in der Gegenwart zu bleiben, statt eine zukünftige Möglichkeit nach der anderen und einen interessanten Plan nach dem anderen aufzugreifen und wieder fallen zu lassen, kann der SIEBEN helfen zu lernen, dass die Gegenwart nicht unbedingt Verlust und Verarmung bedeutet. Das Leben spielt sich hier und jetzt ab und trotzdem bleibt immer noch genügend Leben für die Zukunft. Was jetzt und hier vorhanden ist, reicht aus, um Finsternis und Leere zu überleben. Zur Realität hier und jetzt gehören Gefühle und Leidenschaft, das heißt echte Energie.

SIEBENer brauchen die Aufforderung, sich der Erfahrung ihrer Gefühle zu stellen. Auch wenn sie so wirken, als seien sie ganz bei der Sache, bleiben sie oft distanziert und zurückgezogen wie auch die beiden anderen Muster in dieser Triade. Ihrem ersten Impuls folgend wollen sie sich zurückzuziehen, doch in der Begleitung können sie lernen, tapfer allen Anzeichen von Angst zu widerstehen und sich nach außen zu wenden, um sich ihrer Umwelt und den Menschen „dort draußen" zu stellen. Erkennt der Begleiter diese Tendenz zur emotionalen Abkapselung von der persönlichen Realität und damit auch von der Beziehung im Rahmen der spirituellen Begleitung nicht, ist er womöglich verwundert, dass so wenig

Fortschritt zu erkennen ist. Meistens liegt das daran, dass die Themen und Erkenntnisse, über die sich SIEBENer so begeistert auslassen, auf der Kopfebene bleiben und nicht mit dem Herzen gefühlt werden.

Selbstschutz und die Dringlichkeit der Befriedigung ihrer eigenen Bedürfnisse lassen unerlöste SIEBENer ausweichend und distanziert bleiben. Dennoch können sie dabei eine unschuldige und kindliche Ausstrahlung bewahren. Erst wenn sie aufhören, sich mit übergroßer Aufmerksamkeit der Erfüllung ihrer Wünsche zu widmen, können sie anfangen, sich wirklich um andere zu sorgen. Die SIEBEN hat große Ähnlichkeit mit einem Kind und wie ein Kind muss sie im Leben lernen, dass Liebe auch Triebverzicht, Schmerz und Opfer bedeuten kann und nicht immer angenehm ist. Diese Erkenntnis kann fast zu viel sein. Ein Begleiter, der daran Anteil nimmt, kann den Mut geben, den die SIEBEN braucht, um nicht davonzulaufen.

10. Kapitel

Begleiter vom Muster FÜNF, SECHS und SIEBEN

Die Ausführungen über die Muster FÜNF, SECHS und SIEBEN als Begleitete gelten mutatis mutandis auch für Begleiter mit diesen Mustern. Wie alle anderen bieten auch die FÜNF, die SECHS und die SIEBEN in der spirituellen Begleitung dem Gegenüber gerne das an, was sie sich selbst wünschen. Und wie alle anderen müssen auch sie lernen, dass das, was für sie gut ist, anderen Enneagrammmustern nicht unbedingt hilft. Die Menschen sind so verschieden, dass genau das, was sich für das eine Muster als äußerst wertvoll und hilfreich erweist, bei einem anderen Wachstum und Entwicklung blockiert. Im Folgenden geht es darum, wie sich dieser Umstand bei Begleitern vom Muster FÜNF, SECHS und SIEBEN auswirkt.

Objektivität oder Distanz

Die Gabe von Begleitern vom Muster FÜNF, SECHS und SIEBEN besteht ebenso wie ihre Schwäche in ihrer Neigung, die Wahrnehmung als Zugang zum Leben zu wählen. Wer von einer FÜNF, SECHS oder SIEBEN begleitet wird, fühlt sich manchmal eher als ein Objekt, das examiniert wird, denn als Mensch, der Begleitung benötigt. In dem Bemühen, ihr Gegenüber nicht zu vereinnahmen, bleiben Begleiter vom Muster FÜNF, SECHS und SIEBEN oft sehr distanziert. Es liegt in ihrem Naturell, eher zu beobachten als zu kommunizieren. Der Wunsch, die Privatsphäre von Begleiteten gebührend zu respektieren, kann manchmal dazu führen, dass der Begleiter unbeteiligt bleibt und sie nicht genügend fordert oder einer tieferen Beziehung aus dem Weg geht.

Vor allem ist es für die FÜNF, SECHS oder SIEBEN wichtig, dass andere ihr zuhören. Sie weiß es zu schätzen, wenn man ihren Ideen und ihrer Lebenserfahrung Respekt entgegenbringt. Oft hat sie das Gefühl, dass sie in ihrem bisherigen Leben zu wenig von diesem Respekt bekommen hat. Sie möchte dem Begleiteten Zeit und Raum zum Denken, Sprechen und Handeln anbieten und ihn dabei aufmerksam begleiten. Manchmal wirkt jedoch das, was als Zeichen des Respekts gemeint ist, auf den Begleiteten wie der Ausdruck von Abkapselung und Desinteresse.

Ein Grund dafür, dass Begleiter vom Muster FÜNF, SECHS und SIEBEN oft distanziert wirken, liegt darin, dass sie sich eher auf die Ideen, Themen und äußeren Erlebnisse konzentrieren als auf die Person ihres Gegenübers. Der Begleitete spürt, dass sein persönliches Ringen und seine Gefühle sekundär erscheinen gegenüber den eher objektiven Informationen, mit denen der Begleiter sich offenbar lieber befasst. Begleiter vom Muster FÜNF, SECHS und SIEBEN kategorisieren die gesammelten Informationen nach einem Muster bzw. einer geheimen inneren Ordnung. Dem Begleiteten kommt es oft so vor, als werde auch er selbst kategorisiert.

Fühlen sich Begleitete wie ein Studienobjekt beobachtet, reagieren sie darauf in ihrer je spezifischen Weise. Sie fühlen sich in eine Schublade gesteckt und mit einem Etikett versehen. Beim Muster ACHT, NEUN und EINS entstehen häufig Wut und Enttäuschung, weil sie sich nicht als ganze Person wahrgenommen und anerkannt fühlen. Die ZWEI, DREI und VIER geraten in ihre Befürchtungsmaschinerie; sie überlegen, was der Begleiter über sie denkt, während dieser sie schweigend beobachtet und abschätzt. Welchem Muster der Begleitete auch angehört, er wird in dieser Situation dazu neigen, den gesamten Bereich der Gefühle aus dem Gespräch herauszuhalten. Stattdessen wird er dem Begleiter genau das präsentieren, was dieser von ihm zu erwarten scheint: objektive Informationen.

„Ich hab es schließlich aufgegeben mit dieser Therapeutin. Ich hatte das Gefühl, sie wollte meine gesamte Lebensgeschichte hören, als ob sie eine Fallstudie über mich schreiben wollte, statt mir wirklich zuzuhören. Es war, als stünde sie unter dem Zwang, irgendeine Ursache zu finden und dann eine Lösung herauszuarbeiten. Ich beschloss, mir jemanden zu suchen, bei dem ich nicht das Gefühl habe, unter dem Mikroskop zu liegen, während er da sitzt und sich Notizen macht."

Der Wert der Objektivität

Sich so der Wahrnehmung öffnen zu können wie eine FÜNF, SECHS oder SIEBEN ist natürlich auch eine besondere Gabe. Sie äußert sich in besonders aufmerksamer Zuwendung. Soll diese Fähigkeit dem Begleiteten wirklich helfen, muss sie jedoch mit echtem Gefühl verbunden sein. Erlöste Begleiter vom Muster FÜNF, SECHS und SIEBEN hören ihrem Gesprächspartner mit eben der Zuwendung zu, die sie sich selbst von anderen wünschen. Sie achten sorgfältig auf verbale wie nonverbale Mitteilungen des Begleiteten; sie nehmen Hinweise der Sinne auf, insbesondere visuelle. Diese Beobachtungen zu spiegeln – sofern die FÜNF, SECHS oder SIEBEN daran denkt –, hilft dem Begleiteten, auf eine tiefere

Gefühlsebene zu gelangen. Indem sie dem Begleiteten helfen, auf seinen Ausdruck, seine Körperhaltung und sein gesamtes Verhalten zu achten, unterstützen Begleiter vom Muster FÜNF, SECHS und SIEBEN dessen Verständnis seiner selbst.

Vieles von dem, was Begleiter vom Muster FÜNF, SECHS und SIEBEN sehen, gibt Aufschluss über das Innenleben des Begleiteten. Für Begleiter ist es wichtig, diese Erkenntnisse mitzuteilen, auch wenn sie sich erst noch im Stadium der vagen Vermutung oder der Intuition befinden. Selbst wenn sich solche Mitteilungen nicht immer objektiv untermauern lassen, sind sie wertvoll und sollten nicht zurückgehalten werden. Trotzdem werden FÜNFer, SECHSer und SIEBENer eher dazu tendieren, sie für sich zu behalten, weil sie so sehr daran gewöhnt sind, nur auszusprechen, was sie im Inneren ausgearbeitet haben.

Die Abneigung, Unausgegorenes mit anderen zu teilen, kann negative Folgen haben. Eine dieser Auswirkungen des Zurückhaltens von nicht vollständig durchdachten Informationen besteht zum Beispiel darin, dass der Begleitete den Zugang zu seiner eigenen Erfahrung verliert und sich stattdessen schließlich damit beschäftigt, herauszufinden, was gerade im Begleiter abläuft.

Es ist wichtig, dass Begleiter vom Muster FÜNF, SECHS und SIEBEN ihr Gegenüber wissen lassen, was sie sehen und in welche Richtung ihre Denken verläuft. Teilt der Begleiter dem Begleiteten neben Erkenntnissen, die er durch ausführliches Nachdenken gewonnen hat, auch unfertige Hypothesen mit, vertieft das die Beziehung. Bemüht sich der Begleiter, Unfertiges auszusprechen, wird das auch dem Begleiteten leichter fallen. Wenn der Begleiter aufhört, alles, was er vernimmt und versteht, als richtig oder falsch zu beurteilen, kann er den Begleiteten darin unterstützen, dasselbe zu tun.

„Ich bin mir ziemlich sicher, dass meine Klienten stark daran interessiert sind, im Zusammenhang mit einem Thema über sämtliche Informationen zu verfügen. Deshalb warte ich meistens ab, bis ich den Eindruck habe, dass sie auf diesem Stand sind. Im Lauf der Jahre habe ich festgestellt, dass sie dann häufig wissen wollen, wie es mir mit dem geht, was sie äußern, oder was ich dazu denke. Wenn ich merke, dass ein Klient daran interessiert ist, ändere ich mein Vorgehen. Dann kommt es nicht mehr so sehr auf den Inhalt dessen an, was er mir erzählt, sondern ich teile ihm mit, was in mir vorgeht. Manchmal glaube ich, die Information über die Erfahrungen meiner Klienten interessiert mich mehr als sie selbst."

Informationen zu sammeln, um zu Schlussfolgerungen und Lösungen zu kommen, ist für Begleiter vom Muster FÜNF, SECHS und SIEBEN womöglich wichtiger als für den Begleiteten. Das Leben ist nicht ein Problem, das aufgeklärt oder gelöst werden müsste. Das lernen FÜNFer, SECHSer und SIEBENer im Prozess ihrer Umkehr. Das Leben ist vielmehr ein Mysterium, das sich nur dem erschließt, der sich darauf einlässt. Wer es tiefer kennenlernen will, muss gleichsam eintreten und sich darin bewegen. Je kontemplativer ein Mensch wird, desto tiefer wird seine Einsicht in dieses Geheimnis. FÜNFer, SECHSer und SIEBENer, die sich darauf einlassen und entsprechend handeln, werden fähige Begleiter, die ihre Gabe des objektiven Beobachtens hilfreich einsetzen können.

Die Wichtigkeit objektiver Information

Was geschieht in der spirituellen Begleitung, wenn sich Begleiter vom Muster FÜNF, SECHS und SIEBEN von den Informationen gefangen nehmen lassen, die der Begleitete ihnen präsentiert? Was geschieht, wenn sie sich auf diese Informationen konzentrieren und sie als den Königsweg zu Wachstum und Entwicklung, zu Erkenntnis und Umkehr, Gewahrsein und Kontemplation betrachten?

Begleiter vom Muster FÜNF, SECHS und SIEBEN sind sehr gewissenhaft in ihrem Bemühen, den Inhalt dessen, was der Begleitete ihnen mitteilt, aufzunehmen und zu verstehen. Sie finden automatisch Verbindungen und Beziehungen zwischen den verschiedenen Aspekten dieser Mitteilungen und oft entdecken sie eine Ordnung in dem, was dem Begleiteten wie ein verwirrender, chaotischer Trümmerhaufen vorkommt. Weil sie alles von außen betrachten, haben sie einen besseren Überblick. In großer Objektivität können sie Muster, Ursachen und Wirkungen erkennen, wo der Begleitete oft nur ein unorganisiertes Durcheinander in seinem Leben sieht.

Weil FÜNFer, SECHSer und SIEBENer so sorgfältig prüfen, was ihnen der Begleitete mitteilt, fällt es ihnen manchmal schwer, sich statt auf ihre eigenen auf andere Ideen einzulassen, und zwar besonders, wenn der Begleitete nicht klar begründen kann, warum er die Wirklichkeit anders sieht. Es fällt Begleitern vom Muster FÜNF, SECHS und SIEBEN unter Umständen schwer, Meinungen oder Einschätzungen ihres Gegenübers zu akzeptieren, die mit ihren eigenen nicht übereinstimmen. Während der Begleitete spricht, kommen ihnen oft Bilder und Symbole in den Sinn, die sich von denen des Begleiteten unterscheiden. Tritt eine solche Dissonanz der Wahrnehmung auf, leugnen Begleiter vom Muster FÜNF, SECHS oder SIEBEN die Realität des Begleiteten manchmal oder stellen sie zumindest infrage. Sie neigen dazu, alles in ihr eigenes Bezugssystem zu pressen, anstatt dieses System entsprechend den Äußerungen des Begleiteten zu modifizieren.

Begleiter vom Muster FÜNF, SECHS und SIEBEN haben in der Tat oft eine klarere und genauere Wahrnehmung als ihr

Gegenüber. Dennoch müssen sie begreifen, dass die Weigerung oder Unfähigkeit des Begleiteten, ihre Einschätzung zu akzeptieren, auch ein Teil der Information ist, die in den Gesprächen zutage tritt. So gesehen wird diese Weigerung zu einem Teil der Wirklichkeit, den sie erkennen müssen und mit dem sie arbeiten können.

Nicht nur FÜNFer, SECHSer und SIEBENer müssen sich von ihrem Zwangsmuster verabschieden, das sie ständig nach den richtigen Informationen fahnden lässt. Auch wenn der Begleiter einer anderen Enneagrammtriade angehört, ist es notwendig, dass er loslässt, woran er sich in seiner jeweiligen Unerlöstheit klammert. ZWEI, DREI und VIER dürfen den Begleiteten nicht beeinflussen, irgendetwas zu tun, bevor dieser wirklich Zugang zu seiner eigenen Erfahrung gewonnen hat. ACHT, NEUN und EINS dürfen den Begleiteten nicht im Gefühlsbereich festhalten, sondern müssen zulassen und begünstigen, dass er seine affektive Erfahrung ins Handeln münden lässt bzw. mit geschärfter Wahrnehmung verbindet.

In allen drei Triaden gehen Menschen davon aus, dass das Leben genau so ist, wie sie es sehen, und dass alle anderen es genauso sehen würden, wenn nur eindeutige und klare Kommunikation herrschte. Doch die Realität sieht anders aus. Es gehört zu den Begrenzungen des menschlichen Daseins, dass wir, was immer wir auch tun, die Wirklichkeit immer nur durch den Filter unseres einmaligen, einseitigen Bewusstseins wahrnehmen.

Innerhalb der Triaden des Enneagramms scheint die Weltsicht der Menschen am schwersten zu verstehen, die sich im Kreis des Enneagramms „hinter uns“ befinden. So findet eine ZWEI, DREI oder VIER, die am wenigsten Zugang zu ihren Gefühlen hat, eine ACHT, NEUN oder EINS schwer zu verstehen, da diese der Welt gerade aus der Gefühlsfunktion heraus begegnet. Für die FÜNF, SECHS und SIEBEN stellt die Triade ZWEI, DREI und VIER die größte Herausforderung dar, denn FÜNFer, SECHSer und SIEBENer sind am weitesten von der an Beziehungen bzw. am Tun orientierten Reaktionsweise der ZWEI, DREI und VIER entfernt. Für die ACHT, NEUN und EINS sind FÜNFer, SECHSer und SIEBENer rätselhaft, da sie zur Wahrnehmung, die die FÜNF, SECHS und SIEBEN bestimmt, den geringsten Zugang haben. Es ist also nicht leicht, auf die zurückliegende Triade zu schauen und dabei einen klaren Blick zu behalten. Diese Schwierigkeit führt oft dazu, dass bestimmte Verhaltensweisen falsch gedeutet und die Erfahrungen anderer missverstanden werden.

Während die Triade „hinter“ der eigenen weitgehend rätselhaft bleibt, ist die Entfernung zur „vorausliegenden“ Triade weniger groß. Das liegt daran, dass die Hilfs- bzw. Stützfunktion jeder Triade mit der bestimmenden bzw. Hauptfunktion der vorausgehenden Triade übereinstimmt. Deswegen wird eine ZWEI, DREI oder VIER, bei der die Wahrnehmung die stützende Funktion ist, die vom Verstand geleitete FÜNF, SECHS oder SIEBEN verstehen. Die FÜNF, SECHS und SIEBEN wiederum, gestützt auf ihre Gefühle, findet Resonanz mit der ACHT, NEUN und EINS, die am stärksten durch Emotionen bestimmt werden. Die ACHT, NEUN und EINS schließlich, die sich auf Tun bzw. Verhalten berufen, können gut mit der ZWEI, DREI und VIER in ihrer unbewussten Realität in Beziehung treten.

Verallgemeinerungen dieser Art können sich in Beziehungen als hilfreich erweisen, doch ist es wichtig, im Hinterkopf zu behalten, dass sie nicht mehr sind als eben Verallgemeinerungen. Sich zutiefst auf das Leben selbst einzulassen ist, wie bereits gesagt, die beste Voraussetzung, um sich selbst und andere zu verstehen. Doch selbst wenn wir davon ausgehen, dass im tiefsten Inneren alle Menschen in ihrem Ringen übereinstimmen, wird sich echtes Verständnis aufgrund gemeinsamer Erfahrungen wohl am ehesten entsprechend den aufgezeigten Linien entwickeln. Jeder Begleiter muss die enge Welt seines Musters aufbrechen, aus dem sein spezifisches Zwangsmuster entsteht. Er muss wachsam auf jene besondere Intensität achten, mit der es ihn zu seinen typischen Reaktionen drängt. Je weniger er in der kontemplativen Haltung verwurzelt ist, desto eher lässt er sich von seinem Zwangsmuster in die Irre führen und desto weniger fähig ist er, sich auf die spezifische Wirklichkeit desjenigen einzulassen, den er begleitet.

Probleme mit dem Zugang über den Verstand

Das Bestreben, Informationen über das Leben anzusammeln und sie vom Verstand her zu verarbeiten, zeigt sich darin, dass Begleiter vom Muster FÜNF, SECHS und SIEBEN besonderen Wert auf den genauen Inhalt der Worte legen, die der Begleitete gebraucht. Sie bitten ihn, Worte genau zu definieren, seine Behauptungen zu beweisen oder sorgfältig zu überlegen, damit seine Erfahrungen mit dem übereinstimmen, was er berichtet. An dieser Einstellung lässt sich ablesen, wie großen Wert FÜNFer, SECHSer und SIEBENer auf Sachlichkeit und Präzision legen.

Es kann durchaus hilfreich sein, den Begleiteten zu einer sorgfältigen Sprechweise anzuhalten. ACHTer, NEUNer und EINSer erkennen dann vielleicht ein Muster, das ihnen sonst nicht aufgefallen wäre. Sie bekommen einen Anstoß, sich aus ihrer intensiven Gefühlswelt zu lösen und einen Schritt zur Seite zu treten, wo sie sich sozusagen von außen betrachten können. Werden sie allerdings zu sehr in eine Richtung gedrängt, werden sie vermutlich Widerstand entwickeln und rebellieren. Richtig angewandt kann dieser Zugang jedoch helfen, die Verstandesfunktion in den Prozess der Umkehr zu integrieren.

Auch die ZWEIer, DREIer und VIERer können es als Hilfe empfinden, wenn ihre Erfahrung stärker durch die Brille der verstandesmäßigen Wahrnehmung betrachtet wird. Eine entsprechende Aufforderung kann allerdings bewirken, dass sie sich so, wie sie sind, nicht akzeptiert fühlen. Der Versuch, ihre Reaktion in eine Richtung zu kanalisieren, die sie von sich aus nicht wählen würden, kann dazu führen, dass sie innerlich erstarren und unfähig zur Selbstwahrnehmung werden. Sie werden die Beziehung scheinbar weiter aufrechterhalten und pflegen, denn das entspricht ihrem Muster. Doch dann bleibt die Beziehung an der Oberfläche.

Auf Exaktheit bedachte Begleiter vom Muster FÜNF, SECHS und SIEBEN gehen auf die Scheinkommunikation des Begleiteten ein; tatsächlich nehmen sie aber auch Distanz und das Fehlen jeglichen Gefühls wahr. Wenn sie eine ZWEI, DREI oder VIER auf die Oberflächlichkeit ihrer Kommunikation hinweisen, wird diese wahrscheinlich nur noch mehr erstarren, obwohl sie ein umso stärkeres Verlangen an den Tag legt, dem Begleiter das zu geben, was er ihrer Meinung nach verlangt.

Die Spirale dreht sich noch weiter, wenn sich im Begleiteten das Gefühl, nicht zu genügen, immer mehr verstärkt, während er gleichzeitig verzweifelt herauszubekommen versucht, was ihm nach Meinung des Begleiters fehlt und wie er diesen scheinbaren Mangel ausgleichen kann. Es spielt keine Rolle, dass der Begleiter eigentlich nur nach exakten Fakten, Informationen und nach stimmigen und widerspruchsfreien Informationen gefragt hat, die die Wirklichkeit zutreffend beschreiben. Sobald die ZWEI, DREI oder VIER den Begleiter nach etwas fragen hört, das sie nicht bieten kann, bekommt sie das Gefühl, ihre Rolle nicht „gut genug" zu spielen.

Begleiter vom Muster FÜNF, SECHS und SIEBEN nehmen so viele Informationen auf, dass die dem Begleiteten manchmal weit voraus sind, denn dieser denkt und handelt nicht nach demselben Muster. Sie gehen davon aus, dass der Begleitete alles, was sie als Begleiter beobachten, genauso wahrnimmt. In Wirklichkeit sind sie jedoch bereits meilenweit vorausgeeilt, zumindest im Verstand. Es ist wichtig, dass sie sich dieser Dynamik im Prozess der spirituellen Begleitung bewusst sind. Von Zeit zu Zeit müssen sie innehalten und überlegen, ob sie den Begleiteten abholen und dorthin begleiten müssen, wohin ihre Gedanken sie geführt haben. Der Begleiter kann beispielsweise mitteilen, welche Assoziationen sich bei ihm einstellen, und die Erfahrungen integrieren, die ihm der Begleitete präsentiert. Wenn der Begleiter beschreibt, was er sieht und was er aus seinen Beobachtungen schließt, zwingt ihn das, sein Tempo zu verlangsamen und sich dem Tempo des Begleiteten anzupassen.

> *„Mir ist aufgefallen, dass Sie jetzt schon ein paar Mal die Worte ‚verwirrend' und ‚rätselhaft' gebraucht haben. Da kommt mir ein Bild in den Sinn, wie Sie sich umschauen und nach irgendetwas suchen, es aber nicht finden können. Ich frage mich, was das wohl sein könnte. Ich wollte Ihnen einfach sagen, was ich denke, denn das könnte unter Umständen auch für Sie eine hilfreiche Frage sein."*

Jenseits des Verstandes

Eine weitere Möglichkeit, sich dem Standort des Begleiteten zu nähern, besteht darin, die anderen Funktionen des Fühlens und Handelns bewusst zu beachten. Das Bewusstsein der FÜNF, SECHS und SIEBEN wird um einen neuen Aspekt der Wirklichkeit erweitert, wenn sie auf die emotionale Komponente dessen achten, womit sie konfrontiert werden, und darauf, welche Gefühle dadurch in ihnen ausgelöst werden. So wird die Gefahr verringert, sich hoffnungslos in dem Zwang zu verlieren, alles mit dem Verstand begreifen zu müssen. Auch die Überlegung, welche Entscheidungen und Handlungen aus den wahrgenommenen Tatsachen folgen, erweitert ihre Wirklichkeit und nimmt sie mit in Bereiche jenseits des bloßen Anhäufens von Fakten.

Die unverblümten Aussagen einer FÜNF, SECHS oder SIEBEN über das, was sie beobachtet hat und was für sie die Wirklichkeit ist, kann den Begleitungsprozess stören und den Begleiteten, gleich welchen Musters, vor den Kopf stoßen. Das trifft besonders dann zu, wenn der Begleitete in seiner Entwicklung in einer verletzlichen Phase ist. Der Hang der FÜNF, SECHS und SIEBEN zum Theoretisieren und Verallgemeinern, die Tendenz, zu viel Wert auf Kontinuität und Normierung zu legen, kann dazu führen, dass über Erfahrungen bloß geredet wird. Begleiter vom Muster FÜNF, SECHS und SIEBEN müssen sich deshalb immer wieder ins Gedächtnis rufen, dass das Ziel der Begleitung gerade darin besteht, eine Atmosphäre zu schaffen, in der der Begleitete Erfahrungen machen und Bewegung in seine festgefahrenen Verhaltensmuster bringen kann.

Wie bei allen anderen Mustern liegt auch bei FÜNF, SECHS und SIEBEN die Stärke in demselben unbewussten Impuls, der auch ihr unerlöstes Zwangsmuster formt. Ihre Fähigkeit, Trends und Muster, Rhythmen und Themen zu entdecken, kann sich ebenso wie ihre Neigung, verschiedene Ideen miteinander in Zusammenhang zu bringen, im Prozess der Begleitung äußerst positiv auswirken. Wo dem Begleiteten sein

Leben chaotisch und formlos erscheint, da bemühen sich FÜNFer, SECHSer und SIEBENer um einen anderen Blick. Dadurch können sie den Begleiteten animieren, es ihnen gleich zu tun. Zwar werden sie nicht selten zu aufdringlich in ihrem Bemühen, zum Kern des Problems vorzustoßen, doch andererseits können sie auch die zentrale, treffende Frage stellen, durch die plötzlich ein neuer Weg erkennbar wird oder sich die Dinge wie von selbst ordnen.

Wenn es Begleitern vom Muster FÜNF, SECHS und SIEBEN gelingt, den Begleiteten als ganzen Menschen im Auge zu behalten und nicht nur das zu berücksichtigen, was er über sich sagt, entwickeln sich die Treffen von einem bloßen Ideenaustausch zu echtem menschlichem Miteinander. Unterstützen sie den Begleiteten dabei, seine eigene Realität anzuerkennen und in Besitz zu nehmen, statt sich mit Erkenntnissen und Informationen als Ersatz zufriedenzugeben, kommt es zu einer echten Begegnung. Aus dem Austausch von Beobachtungen wird eine echte Beziehung.

Begleiter vom Muster FÜNF, SECHS und SIEBEN entwickeln sich während des Begleitungsprozesses auch selbst, ihre Fähigkeit zu Loyalität und Hingabe wächst. Auf ihre Treue und Diskretion ist stets Verlass. Sie sind in der Lage, Informationen aus früheren Begegnungen heranzuziehen, wenn sie jetzt passend erscheinen. Es erstaunt sie oft, wie wichtig diese Fähigkeit für den Begleiteten ist. Schließlich sind sie nur präsent und teilen mit, was sie beobachten. Und doch hat genau diese ruhige und stützende Ermutigung, die eigene Realität zu erforschen und zu hinterfragen, dem Begleiteten bislang gefehlt, sodass er nicht weitergekommen ist.

> *„Ich weiß, als Begleiter verhalte ich mich eher unauffällig. Wirklich, ich tue fast gar nichts. Ich bin jedes Mal erstaunt, wenn ich die Rückmeldung bekomme – und das geschieht*

gar nicht einmal so selten –, dass jemand durch eine meiner Fragen den totalen Durchbruch erlebt hat. Ich für mein Teil wollte nur verstehen, was er sagt. Das gleiche Bedürfnis war wohl auch bei ihm vorhanden und meine Fragen haben ihn veranlasst, selbst zu fragen."

Weisheit

FÜNFer, SECHSer und SIEBENer brauchen viel Zeit, um Vertrauen aufzubauen. Das gilt sowohl für Begleiter wie für Begleitete. Als Begleitete öffnen sie sich erst für die Beziehung, wenn sie die Ernsthaftigkeit des Interesses des Begleiters geprüft haben, wenn sie also Gewissheit erlangt haben, dass er sie ernst nimmt. Als Begleiter stellen sie erst dann wirklich eine Beziehung zu ihrem Gegenüber her, wenn dieses ihr zugewandtes Interesse respektiert und anerkennt. Sind sie sich dessen sicher, halten sie mit ihren Erkenntnissen und Ideen nicht länger hinterm Berg, sondern bringen ihren eigenen Entwicklungsprozess in die Beziehung ein und ermöglichen dem Begleiteten oft erst so, sich selbst dem Prozess anzuvertrauen.

Aus dem ruhigen und irgendwie distanzierten Beobachter wird ein hilfsbereiter, kompetenter Begleiter. Gewissenhaft und mit innerer Zustimmung erledigt er die Hausaufgaben, die bei den Treffen im Rahmen der spirituellen Begleitung anfallen, und zwar umso mehr, je besser sein Verhältnis zum Begleiteten ist. Wenn seine Beobachtungen, Vorbereitungen, Einschätzungen und Bemühungen, sein Gegenüber zu verstehen, aus seiner Sicht auch niemals ausreichen, sind sie ein wertvoller Beitrag zum spirituellen Entwicklungsprozess des Begleiteten. In seinem unablässigen Suchen nach Informationen, die zu tieferen Erkenntnissen führen, kann er manchmal die eine Bemerkung machen, den einen bedeutungsvollen Satz formulieren oder die entscheidende Hypothese aufstellen, die dem Begleiteten zum Durchbruch verhilft.

Weil FÜNFer, SECHSer und SIEBENer so stark nach Kompetenz und Verstehen streben, werden sie womöglich überintellektuell statt weise. Wenn sie Mitgefühl und Zuwendung für den Begleiteten entwickeln, wenn sie seinen Schmerz und seine Freude, seine Trauer und seine Ängste ebenso annehmen wie seine Gedanken und intellektuellen Leistungen, ermöglichen sie ihm damit, ihnen sein Herz zu öffnen. Mit zunehmender Vertrautheit werden sich Begleiter vom Muster FÜNF, SECHS und SIEBEN auf den lebendigen Prozess einlassen und auch ihre unfertigen Intuitionen nicht länger zurückhalten. Sie werden von wichtigen eigenen Erfahrungen sprechen und dem Begleiteten mitteilen, wie es ihnen geht mit dem, was dieser erzählt, und wie es in ihnen selbst aussieht.

So findet das Wissen den Weg zum Herzen des Begleiters, wird zu lebendiger Erfahrung und das lässt ihn weise werden. All das wird für die FÜNF, SECHS und SIEBEN möglich, wenn sie sich intensiv darauf einlässt, ihren Mangel und ihre Grenzen, ihre Gaben und ihre Stärken zu erforschen. Immer geht es für sie darum, mehr zu wissen, zu verstehen und weise zu werden. Im Idealfall finden Begleiter vom Typ FÜNF, SECHS und SIEBEN heraus, dass es dies ist, was sie dem Begleiteten zu geben haben.

> *„Die Menschen, die ich begleite, liegen mir am Herzen. Ich nehme mir Zeit, ihnen zuzuhören. Ich schreibe auf, was in der Sitzung passiert. Ich gehe meine Aufzeichnungen durch und stelle zu dem, was sie mir erzählen, die Fragen, die ich mir selbst stellen würde, wenn ich an ihrer Stelle wäre. Diesen Respekt wünsche ich mir selbst und genau das kann ich den anderen geben."*

Der Gefühlstyp

ACHT, NEUN und EINS

11. Kapitel

Begleitung von Menschen der Muster ACHT, NEUN und EINS

Im Folgenden geht es um Menschen der letzten Triade und ihre unbewussten Reaktionen auf die Realität. Nach einem Blick auf die allgemeinen Themen, die für alle drei Muster gelten, folgt eine Darstellung der einzelnen Muster. Diese Beobachtungen der Begleiteten der Muster ACHT, NEUN und EINS richten sich auch an Begleiter dieser Triade. Sie sollen Aspekte der Kommunikation beleuchten, die für Begleiter vom Muster ACHT, NEUN und EINS eine Rolle spielen.

Überbetonung des Gefühlszentrums

Die unbewussten Funktionen des Menschen wirken, bevor er irgendetwas wahrnimmt und erst recht bevor er sich entscheidet oder etwas tut. Unbewusst reagiert er aus seiner Tat-, Kopf- oder Gefühlsfunktion. Erst wenn er seine instinktiven, automatischen Reaktionen kennt und ihre Realität akzeptiert, kann er die Instinkte demaskieren, die zur Wurzelsünde bzw. zum Zwangsmuster geworden sind. Diese Demaskierung nimmt der Wurzelsünde ihre Macht und führt zu größerer Entscheidungsfreiheit.

Wie beeinflusst die instinktive Gefühlsfunktion den spirituellen Weg und das gesamte Leben von Menschen, die zur Triade ACHT, NEUN und EINS zu rechnen sind? Bei der ACHT, NEUN und EINS ist die Emotion vorhanden, bevor sie sich dessen bewusst sind. Die Gefühlsfunktion rückt bei der ACHT, NEUN und EINS in den Brennpunkt, und zwar manchmal, weil sie dieses Gefühl kontrollieren oder angemessen zum Ausdruck bringen will, und manchmal deswegen, weil sie sich entschieden hat, es auszulöschen oder zu unterdrücken, bis es verschwunden ist. Im letzteren Fall leugnet der Betreffende womöglich sogar, überhaupt Wut oder irgendein anderes Gefühl zu empfinden, so erfolgreich hat er sie in seinen Schatten verbannt. Trotzdem wird sein Leben von der Gefühlsfunktion bestimmt. Emotionen sind seine vorrangige unbewusste Reaktion, ob er sie vergräbt, verleugnet oder kontrolliert.

Die Hauptreaktion der ACHTer, NEUNer und EINSer lautet: „Das mag ich" bzw. „Das mag ich nicht." Sie vertrauen diesem Gespür, weil es, wie sie sagen, „aus dem Bauch" kommt. Diese Hauptreaktionsweise ist körperlich. Wenn die Reaktion heißt: „Das oder die oder den mag ich", wird die Sache oder die Person als „gut" beurteilt. Dieses Urteil „gut" ist üblicherweise verknüpft mit einer angenehmen Empfindung. Ist die Reaktion hingegen: „Das bzw. den oder die mag ich nicht", heißt das für die ACHT, NEUN und EINS: Das bzw. der oder die ist schlecht, löst Schmerz aus oder bringt alles durcheinander.

Mit der Überbetonung des Gefühlszentrums geht meist ein emotionales Festhängen in der Vergangenheit einher. Unverarbeitete Erlebnisse aus der eigenen Geschichte beeinflussen die Reaktionen in der Gegenwart. Bei der ACHT, NEUN und EINS kollidiert die Gegenwart mit der Vergangenheit, und zwar mit einer Vergangenheit, die gleichsam abgestellt und vergessen wurde, sodass sie in der Erfahrung nicht präsent ist. ACHTer, NEUNer und EINSer neigen zu so intensiven Gefühlen, dass sie zunächst einmal versuchen, sich die Tragweite und Bedeutung ihrer Lebensgeschichte vom Hals zu halten. Unerledigtes häuft sich an. Irgendwann spüren sie intensive bewertende Reaktionen. Diese Reaktionen werden zwar in der Gegenwart gefühlt, sie kommen aber aus der Vergangenheit. Häufig sind sich ACHTer, NEUNer und EINSer dieser Bewertungen nicht bewusst, weil ihnen der Zugang zum gegenwärtigen Moment fehlt.

Bleiben diese Bewertungen unbearbeitet, fühlen sie sich an wie sinnvolle und verlässliche Reaktionen. Unerlöste Menschen vom Muster ACHT, NEUN und EINS verlassen sich dann leicht auf diese Bewertungen, als entsprächen sie der Wirklichkeit. Deshalb müssen die ACHT, NEUN und EINS ihre „Bauchreaktion" überprüfen. Ist sie echt oder entstammt sie einem Muster aus Verleugnung und Unterdrückung?

> *„Ich habe mein Leben hinuntergeschluckt, aber ich habe es nicht wirklich verdaut. Ja, ich nehme die Dinge in mich auf und ich kann sie in mir fühlen. Sie sind ein Teil von dem, was ich fühle. Aber irgendwie habe ich das Gefühl, dass sie mir wie ein Stein im Magen liegen. Ich komme nicht weiter damit, ich lerne nichts daraus. Sie liegen nur herum und sind mir im Weg."*

Der Begleitete, der diese Worte formuliert hat, meint also, dass ihm Erkenntnisse, Verbindungen und Ergebnisse fehlen. Er vermisst die sinnvolle Ordnung, die sich normalerweise ergibt, wenn wir bewusst mit unserer Vergangenheit umgehen. In der Konsequenz bleiben die Bewegung und das Fließen aus, die den Blick nach vorne und die Freiheit von vergangenen Ereignissen anzeigen. Der Mensch wird unbeweglich und schläft entweder oder ist ständig erschöpft, weil ihn Ereignisse stark belasten, deren Bedeutung er nicht richtig erfasst hat.

Gefühl oder Urteil?

Die nach ihrem Verständnis aus dem Bauch kommende Tendenz der ACHT, NEUN und EINS, sich absolut sicher zu fühlen, ist in Wirklichkeit oft genug ein blindes Urteilen. Zwar können ACHTer, NEUNer und EINSer die Gefühle, die ihre Mitmenschen bewegen, manchmal mit geradezu unheimlicher Genauigkeit erfassen, sie müssen jedoch die Wahrnehmungen „hinter" den Gefühlen beachten und anhand der Fakten überprüfen. Nehmen sie die Realität wahr oder sitzen sie einem Vorurteil auf, das aus unverarbeiteten, unbewussten Erfahrungen entstanden ist?

Besonders gern urteilen und bewerten Menschen vom Muster ACHT, NEUN und EINS, wenn es in irgendeiner Weise um Gerechtigkeit geht. Werden sie und die anderen nach dem Gleichheitsgrundsatz behandelt? Wird irgendjemand bevorzugt oder gilt für alle der gleiche Maßstab?

> *„Ich habe mir den Buckel krumm gearbeitet, um für alle im Büro die gleichen Arbeitsbedingungen zu erreichen. Bis ich darauf gekommen bin, dass die meisten mit dem bisherigen Zustand ganz zufrieden waren. Es war wieder einmal nur meine fixe Idee. Ich hätte sie ja vorher fragen können, dann hätte ich mir eine Menge Arbeit gespart. Aber darauf bin ich gar nicht gekommen. Manche Zustände kamen mir schreiend ungerecht vor, aber die meisten haben das offenbar ganz anders gesehen."*

Entwickeln sich ACHT, NEUN und EINS von ihrem Zwangsmuster in Richtung Freiheit, lernen sie den Unterschied zwischen Gleichheit und Gerechtigkeit kennen. Manchmal ist es gerade ein Erfordernis der Gerechtigkeit, dass die Gaben ungleich verteilt werden. Es ist ein Unterschied, ob alle dasselbe bekommen oder ob jeder das ihm Angemessene erhält. Wer eine ACHT, NEUN oder EINS begleitet, muss ihr helfen, diesen Unterschied zu verstehen. Er kann sie darin unterstützen, indem er sie annimmt, wie sie ist, und offen ist für ihre Besonderheiten. Werden ihre eigenen Bedürfnisse anerkannt und befriedigt, kann sie sensibler werden für die Bedürfnisse anderer. Wird die ACHT, NEUN oder EINS ihrer individuellen Persönlichkeit entsprechend behandelt, entwickelt sie oft eine mehrdimensionale Sicht ihrer selbst und in der Folge davon auch von anderen. Begegnet der Begleiter ihren Vorurteilen vorurteilslos, schafft er damit eine Atmosphäre ohne einengende Abgrenzungen. So bietet er ein Beispiel dafür, wie man der Realität ohne vorgefasste Meinungen gegenübertreten kann.

Der Umgang mit Gefühlen

Nachdem sich die ACHT, NEUN und EINS so stark von ihren Gefühlen bestimmen lassen, ist es für den Begleiter wichtig, dass er gut mit starken Gefühlen umgehen kann; das muss man ihm abspüren können. Menschen, die regelmäßig Gefühlsausbrüche haben oder ihre Gefühle so tief vergraben haben, dass Ausbrüche geradezu vulkanische Wucht entwickeln, können sich selbst und anderen gewaltigen Schrecken einjagen. Bei einem solchen Ausbruch müssen Begleiter einen klaren Kopf behalten und ohne Angst, in Ruhe und Sicherheit damit umgehen. Begleitete, die diese starken Gefühle erleben, entwickeln als Folge davon oft Schuldgefühle oder die Furcht, davon überwältigt zu werden. Sie brauchen die Gegenwart eines Begleiters, der sie so sein lässt, wie sie sind.

Wie bei den anderen Mustern auch führt der Weg ins Freie mitten durch die Gefühle. Das muss Menschen vom Muster

ACHT, NEUN und EINS auf irgendeine Weise vermittelt werden. Immerhin stellen die Gefühle die Energie für Wachstum und Entwicklung im Leben zur Verfügung. Gefühle wollen in all ihrer oft überwältigenden Stärke anerkannt werden. Gelingt es dem Begleiter, einem Begleiteten diese Haltung zu vermitteln, kann dieser sich besser auf seine Gefühlswelt einlassen. Er kann sich, wenn schon nicht voller Vertrauen, so doch ohne große Kämpfe seinen Gefühlen zuwenden.

Unter den harten und unangenehmen Gefühlen, die dem Begleiteten oft genug Angst machen, liegen die weicheren verborgen: Zärtlichkeit, Zuwendung, Traurigkeit, Schmerz – all die Empfindungen, die die ACHT, NEUN und EINS verwundbar machen. Diese Regungen erschrecken sie womöglich noch mehr als die sogenannten „harten" Emotionen, denn sie zeigen anderen, wo die ACHT, NEUN und EINS angreifbar sind. Wenn ein anderer ihre Achillesferse kennt, verlieren sie den Vorteil, den sie zu haben glaubten.

Wer bei einer ACHT, NEUN oder EINS eine Gefühlsreaktion auslösen kann – besonders eine zu den „schwächeren" zählende –, gewinnt Macht über sie. Es macht ihr Angst, dies zuzugeben. Da ihr nicht das ganze denkbare Arsenal an Waffen und Munition für den Lebenskampf zur Verfügung steht, bleibt ihr nichts übrig, als sich auf das Hin und Her einzulassen, aus dem zwischenmenschliche Beziehungen oft bestehen. ACHTer, NEUNer und EINSer fürchten, sich auf der Verliererseite wiederzufinden, denn es könnte ja sein, dass ihr Gegenüber ihnen nicht mit echter Zuwendung und lauteren Absichten begegnet. Dieses Wechselspiel von Widerstand, Angst und der Bereitschaft, sich zu ergeben, durchzieht die spirituelle Begleitung wie ihr ganzes Leben.

„Ich finde es furchtbar, wenn ich weinen muss. Nicht, dass ich nie weine, aber es ist schlimm für mich, wenn jemand

anders dabei ist. Ich mag es einfach nicht, wenn jemand mitbekommt, wann und wo und wie ich schwach bin. Sollte ich einmal im Gespräch mit Ihnen anfangen zu weinen, ist das ein untrügliches Zeichen dafür, dass ich volles Vertrauen zu Ihnen habe."

Solange ein Mensch starken Gefühlen ausgesetzt ist, verliert er die Fähigkeit zu klarem Denken. Bei ACHTern, NEUNern und EINSern ist während intensiver Emotionen besonders die Wahrnehmungsfähigkeit verringert. In der Begleitung sollte man darauf verzichten, auf ihre Gefühle einzugehen, solange sie diese sehr stark erleben. Fragen, die auf Erkenntnis abzielen, haben in diesem Fall keinen Sinn. Der Begleitete versteht in diesem Zustand der starken Gefühlsbewegung weder den Sinn eines Ereignisses noch die Zusammenhänge von Ursache und Wirkung. Erklären, Bewerten, Entscheiden und Handeln sind ihm in diesem Moment fern. Es wäre frustrierend und fruchtlos, ihn dazu bewegen zu wollen, den Sinn von etwas zu erkennen. Der Begleiter muss die Fragen, die ihm in der Situation kommen, zurückstellen und erst später stellen, nachdem sich der Sturm wieder etwas gelegt hat und der Begleitete wieder einigermaßen klar denken kann.

Am besten hilft der Begleiter, indem er in Ruhe präsent bleibt und unaufgeregte Annahme vermittelt. So unterstützt er den Begleiteten darin, sich konsequent seinen Gefühlen zu stellen und sie zu durchleben. Ein Bild für diese Atmosphäre in der spirituellen Begleitung ist ein großer Raum, in dem sich der Begleitete austoben kann. Boden, Wände und Decke sind gepolstert, sodass der Begleitete sich selbst und andere nicht verletzen kann. In einer solchen schützenden Atmosphäre kann sich der aus Angst geborene Widerstand abschwächen und die Energie aus den heftigen Emotionen steht nun für Erkennen, Entscheiden und Handeln zur Verfügung.

„Wenn ich im Verlauf der Therapie etwas gelernt habe, dann dies: Es ist nicht möglich, meine Gefühle zu vermeiden. Ich kann nicht darüber steigen, ich kann nicht darunter durchkriechen, ich kann nicht außen vorbeigehen. Der einzige Weg führt mitten hindurch, so fürchterlich das auch erscheint. Es ist gut, dass mein Therapeut da ist, der mich vor mir selber schützen kann."

Macht

Überleben ist für die ACHT, NEUN und EINS oft gleichbedeutend mit Kontrolle. ACHTer, NEUNer und EINSer respektieren starke Menschen und prüfen deshalb diese Stärke bei ihrem Begleiter. Er muss in ihren Augen fähig sein, sich seiner Feinde zu erwehren. Wer eine ACHT, NEUN oder EINS begleitet, muss ihr auf die eine oder andere Weise zu verstehen geben, dass er kein Schwächling ist und dass er nicht vorhat, die Begleitung in einen Kampf ausarten zu lassen. Der manchmal vorkommende „spirituelle Ringkampf" muss als das entlarvt werden, was er ist, nämlich Ablenkung. Stärke zeigt sich vielmehr als Mut, sich der schwierigen Realität zu stellen.

Neben der Absicht herauszufinden, aus welchem Holz der Begleiter geschnitzt ist, gibt es noch einen zweiten Grund, warum sich ACHTer, NEUNer und EINSer manchmal auf Scheinkämpfe mit ihm einlassen. Sie wollen herausfinden, ob er wirklich engagiert ist und sich ehrlich um sie bemüht. Verfügt der Begleiter in seiner Zuwendung über genügend Mut und Ausdauer, um den starken Gefühlen standzuhalten, die unweigerlich auftreten, sobald die ACHT, NEUN und EINS die Waffen sinken lassen? Der Selbsterhaltungstrieb der ACHT, NEUN und EINS hat zwei Gesichter. Auf der einen

Seite achten sie sorgfältig darauf, dass ihre Bedürfnisse nach Sicherheit, Geborgenheit und emotionaler Nahrung erfüllt werden. Auf der anderen Seite kommt es vor, dass sie eben diese Bedürfnisse gering schätzen und aufgeben und so sich selbst vernachlässigen. Angesichts dieser Achterbahnfahrt ist es wichtig, dass der Begleiter in seiner Präsenz konstant und vertrauenswürdig bleibt und damit seine verlässliche Zuwendung unter Beweis stellt.

Der instinktive Drang, sich zu behaupten, ist Teil der Auseinandersetzung der ACHT, NEUN und EINS mit dem Thema Macht. Anders als die ZWEI, DREI und VIER, die sich ihrer Umgebung anpassen, passen ACHTer, NEUNer und EINSer die Umgebung an sich an. Die ACHT versucht das durch Tyrannei zu erreichen: kontrollierende Gespräche, Schlussfolgerungen und Beschlüsse. Die NEUN behauptet sich eher passiv, indem sie sich stur stellt und nicht zulässt, dass ihr irgendjemand zu nahe kommt oder ihr etwas vor der Nase wegschnappt. Die EINS schließlich arbeitet an ihrer Umgebung, versucht sie zu stärken, zu perfektionieren und makellos zu gestalten. Auf unterschiedliche Art verlangen ACHT, NEUN und EINS Respekt vor ihrer Macht und Stärke. Umgekehrt wollen sie einen spirituellen Begleiter dafür respektieren können, dass er sich keinem Machtanspruch beugt.

> *„Ich habe wirklich Respekt vor meinem Begleiter entwickelt, obwohl er so sanft wirkt. Eine Zeit lang habe ich mich gefragt, aus welchem Holz er geschnitzt ist, aber als es dann darauf ankam, hat er es mir gezeigt. Mit einem Samthandschuh – in dem eine eiserne Faust steckte – hat er mich gezwungen, mir meine Angelegenheiten anzusehen. Und doch habe ich keine Sekunde daran gezweifelt, dass er auf meiner Seite steht."*

Grenzen setzen und Grenzen verlieren

ACHTer, NEUNer und EINSer scheinen alles bequem alleine zu schaffen, sie wirken völlig unabhängig. Doch unter dieser Oberfläche stellt sich ihnen die quälende Frage: „Wer bin ich?“ Um diese Frage geht es, wenn sich eine ACHT, NEUN oder EINS mit ihren Grenzen und den Bedingungen ihres Lebens befasst. „Wo fange ich an? Wo hört der andere auf? Wohin treibt es mich, wenn mich die Leidenschaft packt? Gebe ich mich selbst auf, wenn ich diesem anderen Menschen Platz in meinem Leben einräume? Wird er mich so aus der Fassung bringen, dass nichts mehr für mich und nichts mehr von mir bleibt? Mache ich mir die anderen und ihre Anliegen so sehr zu eigen, dass ich selbst gar keine Grenzen mehr habe?“ Das sind einige der wichtigsten Fragen der ACHT, NEUN und EINS. Sie entstehen aus ihren Ängsten und drehen sich um nichts Geringeres als ihre Existenz. Menschen vom Muster ACHT, NEUN und EINS fürchten, ihren festen Halt aufzugeben und den Boden unter den Füßen zu verlieren. Sie geben sich den Anschein unabhängiger Selbstgewissheit, um sich zu schützen, während sie sich damit herumschlagen, was auf sie einstürmt, und zu entscheiden versuchen, ob und inwieweit sie sich selbst ihre Verletzlichkeit zugestehen.

Die Fähigkeit, immer wieder die Oberhand zu behalten, die sich manchmal bei ACHTern, NEUNern und EINSern beobachten lässt, zielt darauf ab, nicht nur andere zu kontrollieren, sondern ebenso sich selbst. So wie sie sich nach außen barsch und fordernd präsentieren können, verhalten sie sich oft auch gegenüber ihrem inneren Kind. Dieses Kind, den verwundbaren Teil ihrer selbst, aufzuspüren und es wohlwollend zu betrachten kann gerade die ACHT, NEUN und EINS weiterbringen, die noch so viele unabgeschlossene Erfahrungen aus ihrer Geschichte und ungelöste Verwicklungen aus der Vergangenheit zu verarbeiten haben. Im Fortgang des Lebens verbirgt die ACHT das ängstliche innere Kind hinter Stärke und Härte. Die kindliche Unschuld der NEUN wird von Zynismus verdeckt, Emotionen werden mit träger Ruhe unterdrückt. Die EINS verleugnet das verspielte Kind in sich durch harte Arbeit und Anstrengung. Die Menschen in dieser Triade zahlen sich ihre vermeintliche Schwäche heim, indem sie selbst große Ansprüche an sich stellen, sich selbst vernachlässigen oder sich selbst bestrafen.

Für Begleiter kann es hilfreich sein, sich klarzumachen, wo Gefühle im Spiel sind, wenn es für die ACHT, NEUN und EINS um Macht geht. Denn durch ihre Gefühle versuchen ACHTer, NEUNer und EINSer dem Prozess der spirituellen Begleitung Widerstand entgegenzusetzen und ihn zu kontrollieren. Manche plustern sich auf, um ihre Stärke zu beweisen und dem Begleiter Angst einzujagen. Andere ziehen sich zurück und weigern sich, ihre Gefühle zu zeigen, häufig weil es ihnen nichts gibt, sie zu erleben. Manchmal muss sich der Begleiter ducken, um einem emotionalen Ausbruch zu entgehen, manchmal verrennt er sich womöglich bei dem Versuch, die Gefühle des Begleiteten ans Tageslicht zu bringen, obwohl dieser deren Existenz bestreitet. Bewusst oder unbewusst werden ACHTer, NEUNer und EINSer durch solches Verhalten in der Vorstellung bestärkt, sie hätten weiterhin das Heft in der Hand und könnten dem Begleiter Angst und Schrecken einjagen. Dabei weichen sie allerdings hartnäckig der herausfordernden und anstrengenden, aber auch belebenden und Energie spendenden Arbeit an ihrer Umkehr aus.

Mit Gegensätzen umgehen

Die Aufgabe der Umkehr stellt Menschen vom Muster ACHT, NEUN und EINS vor verschiedene Herausforderungen. Eine wesentliche Herausforderung besteht darin, die inneren Kämpfe hinter sich zu lassen und die Gegensätze auszuhalten, statt in einem ewigen Entweder-Oder gefangen zu bleiben. ACHTer, NEUNer und EINSer müssen also den Überblick gewinnen; sie müssen einen Punkt erreichen, der gewissermaßen so weit von ihrer eigenen Erfahrung entfernt ist, dass sie beide Seiten überblicken können. Das bedeutet nicht, dass sie durch eine distanzierte, logische Betrachtungsweise ihrer emotionalen Reaktion auf die Realität die Luft nehmen sollen. Vielmehr müssen sie zu ihrem Gefühl gerade so weit auf Distanz gehen, bis sie erkennen können, dass sie nicht mit ihrer emotionalen Reaktion identisch und nicht auf sie begrenzt sind.

Das Hin und Her zwischen den Gegensätzen muss als das entlarvt werden, was es oft genug ist: eine Möglichkeit, den echten Anforderungen des inneren Lebens und dem Einsatz, den es verlangt, auszuweichen. Solange die Gegensätzlichkeit besteht, können sich ACHTer, NEUNer und EINSer mit den Alternativen auseinandersetzen. Dieses Ringen ist eine Verzögerungstaktik, analog zu der Gewohnheit der FÜNF, SECHS und SIEBEN, erst einmal eine Möglichkeit nach der anderen in Erwägung zu ziehen, bevor sie sich entscheiden. Die Schlacht ist zu Ende, sobald die Gegensätze versöhnt sind und sich anstelle des unbewussten Beharrens auf dem Gegensatz von These und Antithese die Synthese herauskristallisiert. Die Lösung besteht darin, diesen dritten Weg zu finden, der Elemente beider Alternativen enthält.

Wenn die Gegensätzlichkeit überwunden ist und so die Hindernisse, die dem Engagement im Weg stehen, beiseite geräumt sind, kommt es allerdings manchmal vor, dass die ACHT, NEUN oder EINS sich einbildet, für die letztlich gewählte Alternative nicht schwer genug gearbeitet oder nicht energisch genug gekämpft zu haben. Sie muss lernen, darauf zu vertrauen, dass auch etwas, wofür man nicht gekämpft hat, ein Geschenk des Lebens sein kann. Leben heißt nicht unbedingt und unter allen Umständen, sich mit einem Dilemma nach dem anderen herumzuschlagen. Manchmal wirkt das Göttliche mit den Mitmenschen zusammen und daraus entsteht eine einzige harmonische Wirklichkeit. Im folgenden Abschnitt malt ein Begleiteter vom Muster ACHT, NEUN oder EINS den kosmischen Kampf aus:

> *„Meine Sicht vom Leben ist die: Da ist diese gigantische Faust, die ich Gott vor die Nase halte. Gott hat die Oberhand, aber er muss sich mit mir auseinandersetzen – und ich bin eine Kämpfernatur. Alles, was weniger wäre als ein Kampf zwischen uns, würde uns beide beleidigen. Aber letztlich weiß ich, dass ich verliere. Gott behält am Ende immer die Oberhand."*

Wenn ACHTer, NEUNer und EINSer über ihre Beziehung zu anderen sprechen, gebrauchen sie häufig das Bild vom Kampf. Sie sind höchst erstaunt, wenn jemand sie für unsozial, gleichgültig und unachtsam hält, denn sie meinen, allen – dem Ehepartner, den Kindern, dem Arbeitgeber, Freunden – stets das zu geben, worum sie gebeten werden. Sie erwarten einfach, dass der andere ihnen sagt, was er von ihnen braucht oder will, und zwar geradeheraus und ohne Umschweife. Wird das Bedürfnis nach emotionaler oder sonstiger Unterstützung nicht ausdrücklich geäußert, gehen ACHT, NEUN und EINS stillschweigend davon aus, dass es nicht besteht – sofern sie überhaupt über diese Frage nachdenken.

Wenn ein anderer seine Bedürfnisse nicht wahrnehmen oder artikulieren kann, nehmen sie das als gegeben hin; sie schließen daraus nicht, dass irgendeine Reaktion ihrerseits angebracht sein könnte. Wenn also jemand zu unreif oder ungeschickt ist, um geradeheraus zu sagen, was er braucht, kann es leicht zu Missverständnissen kommen. ACHTer, NEUNer und EINSer neigen zu der Annahme, dass sie auf nicht geäußerte Bedürfnisse auch nicht zu reagieren brauchen, und zwar vor allem dann, wenn sie eigene Bedürfnisse verspüren, die schwerer wiegen als das, worum jemand bittet.

> *„Ständig stochert meine Tochter in der Vergangenheit herum. Ständig redet sie von ihrer Kindheit und der Zeit, als Thomas und ich uns scheiden ließen. Sie wirft mir vor, dass ich nicht für sie da war, dass es mir nicht wichtig war, wie es ihr geht, ja, dass ich manchmal nicht einmal Essen gemacht oder die Wohnung geputzt habe, ganz zu schweigen davon, dass ich mich irgendwie um sie gekümmert hätte. Ich habe überhaupt keine Erinnerung mehr an diese Monate. Ich weiß nur noch, dass es mich übermenschliche Energie gekostet hat, morgens überhaupt aus dem Bett zu kommen. Sie hat sich nicht beschwert, also habe ich sie nicht weiter beachtet."*

Im Rahmen der spirituellen Begleitung, überhaupt in jeder engeren Beziehung sind ACHTer, NEUNer und EINSer darauf angewiesen, dass ihnen jemand liebevoll zur Seite steht, während sie ihre Kämpfe ausstehen und ihre authentischen, aber wirren Gefühle Stück für Stück zulassen. Menschen aus dieser Triade fällt es oft schwer, Prioritäten zu setzen. Üblicherweise beginnen sie mit einem emotionalen Brainstorming, wenn sie ihre Emotionen sortieren. Nicht nur in ihren

Freundschaften wollen ACHTer, NEUNer und EINSer ihre Erfahrungen unreflektiert und ungeordnet ausbreiten. Es ist für sie notwendig, auch einen spirituellen Begleiter zu finden, der ihnen das erlaubt. In dem Maße, in dem der Begleiter einfach zulassen kann, dass die Dinge ans Licht kommen, und keine Anstalten macht, aufzuräumen, nachzufragen, zu organisieren oder Erfahrungen zu gewichten, ermöglicht er der ACHT, NEUN und EINS, mit kräftigen Zügen im Meer ihres Unbewussten zu schwimmen.

Wut

Das erste Gefühl, dessen sich die ACHT, NEUN und EINS bewusst werden, ist üblicherweise Wut. Nicht dass sie die Wut als besonders angenehme oder erstrebenswerte Regung betrachten, doch sie ist ihnen meistens am ehesten vertraut. Unerlöste ACHTer, NEUNer und EINSer wandeln in vielen Fällen andere Gefühle in Wut um, denn Wut ist in ihren Augen eine hilfreiche Stärke. Die Wut der ACHT ist üblicherweise sehr aggressiv. Die Wut der NEUN schwelt eher wie von grauer Asche bedeckte Holzkohlen, deren Glut sich erst dann zeigt, wenn man sie anbläst. Die EINS, die sehr schnell in Wut gerät, hält ihre Wut entweder für gerechtfertigt und erlaubt und meint, dass Wut dazu beiträgt, die Verhältnisse zum Besseren zu wenden, oder sie betrachtet Wut als negativ und versucht sie zu dämpfen. In diesem Fall verwandelt sich ihre Wut in unterdrückten Groll.

Wer sich zu seiner Wut nicht bekennt, wird sie auf die Umwelt projizieren. So sehen sich ACHTer, NEUNer und EINSer häufig von Menschen umgeben, die ihrer Meinung nach grundlos Streit vom Zaun brechen, gegen die Grenzen anrennen, die ACHTer, NEUNer und EINSer aufgerichtet haben, und sie damit zwingen, ihre Grenzen noch zu verstär Was ACHTer, NEUNer und EINSer als Wut bezeichnen, ist jedoch oft nur das oberflächliche Gefühl. Es ist daher manchmal möglich, eine ACHT, NEUN oder EINS von ihrer kampfbereiten Haltung abzubringen, indem man ihre Körpersprache beobachtet und sie ihr zurückspiegelt.

> *„Ich sagte zu meinem Begleiter, dass ich vom Leben nichts erwarte als Fußtritte. Er wies mich darauf hin, wie traurig meine Augen bei diesem Satz aussahen. Bevor er das sagte, war mir nie klar gewesen, wie sehr ich tief drinnen hoffte, dass irgendjemand daherkommen würde, der mich einfach so nimmt, wie ich bin. Irgendjemand, der nicht auf der Lauer liegt und vorhat, mir eins auszuwischen, sondern dem wirklich etwas an mir liegt."*

Wie bei allen Menschen sind selbstverständlich auch bei der ACHT, NEUN und EINS alle möglichen Gefühle vorhanden. Um ihnen die Vielfalt ihrer Gefühle bewusst zu machen, kann der Begleiter sie bitten, einzelne Gesten oder eine Körperhaltung, die er beobachtet, zu übertreiben. Er kann sie auf ihre zusammengebissenen Zähne, eine geballte Faust, einen Seufzer, eine Träne oder ein leichtes Zittern hinweisen und diese Haltungen ins Bewusstsein heben, sodass der Begleitete mit ihnen in einen Dialog treten kann. Auf diese Weise kann er Distanz zu seinem bisher unbewussten Gefühl gewinnen und Erkenntnisse über eben dieses Gefühl erlangen. Diese Methode wird in der Gestalttherapie angewendet – ein Zugang, der sich besonders für Menschen in dieser Enneagrammtriade als hilfreich erweisen kann und vermutlich auch von ACHTern, NEUNern und EINSern entwickelt wurde.[8]

8 Fritz Perls, der Begründer der Gestalttherapie, wird von Rohr/Ebert als ACHT identifiziert; vgl. Rohr/Ebert, S. 202 (Anmerkung des Übersetzers).

„Ich hatte meine Zähne zusammengebissen und mein Therapeut bat mich, sie noch fester zusammenzubeißen. Dann forderte er mich auf, zu meinen zusammengebissenen Kiefern und meinen Zähnen zu werden und, wenn möglich, das herauszupressen, was sie drinnen zu halten versuchten. Es kostete mich einiges an Anstrengung und Zeit, aber irgendwann hörte ich mich murmeln: ‚Halt die Klappe und lass mich in Ruhe!' Ich wusste, dass ich das zu meiner Mutter sagte. Sie war schon vor Jahren gestorben, aber in dem Moment war sie da, in diesem Zimmer."

Der Umgang mit intensiven Gefühlen

Menschen vom Muster ACHT, NEUN und EINS betonen ihre Emotionen sehr intensiv. Manchmal ist es daher hilfreich, die oft sehr allgemeinen und unspezifischen Gefühlsregungen zu konkretisieren, damit der Begleitete die konkreten Umstände erkennt, die diese Reaktion hervorgerufen haben.

Beispielsweise ist das Gefühl einer ACHT, NEUN oder EINS, zurückgewiesen zu werden, kaum darauf zurückzuführen, dass jeder Mensch auf dieser Erde sie hasst. Womöglich hatte sie in letzter Zeit mit einigen Leuten zu tun, die unfreundlich zu ihr waren, und fühlt sich nun ärgerlich oder deprimiert. Ereignisse und die emotionale Reaktion darauf auseinanderzuhalten ermöglicht ihr einen exakteren Blick auf die Realität. Wahrscheinlich reagiert sie auf eine reale Situation angemessen, wenn sie die undifferenzierten, unverarbeiteten Gefühle den Fakten gegenüberstellt.

Schließlich verhilft der Blick auf das Konkrete dazu, die Erfahrung in einzelne Schritte bzw. Elemente aufzuteilen. Dadurch werden Erkenntnisse eher möglich. Sobald sich ACHTer, NEUNer und EINSer einer Erfahrung verstandesmäßig nähern, können sie sie besser erkennen und dann auch entsprechend handeln.

Manchmal kann eine ACHT, NEUN oder EINS ihre Erfahrung genauer wahrnehmen, wenn der Begleiter ihr direkte Fragen stellt. Das unterstützt sie bei der Unterscheidung, was sie gefühlt hat und was wirklich geschehen ist. Ein solches Erinnern an die Realität kann aus den alles umgreifenden Gefühlen zu größerer Eindeutigkeit und Objektivität führen. Wie schon erwähnt, nutzt dieses Fragen jedoch nichts, wenn im Begleiteten gerade ein Gefühlssturm tobt oder er von seinem Urteilen blockiert ist.

Einen besseren Zugang zur Realität gewinnen ACHTer, NEUNer und EINSer auch, wenn sie auf die Bilder, Symbole, Vergleiche und Metaphern achten, die sie verwenden. Ihr Hang zu analogem Denken und ihre Eigenart, etwas durch den Vergleich mit etwas anderem begreifen zu wollen, ermöglichen ihnen, verschiedene Ideen miteinander in Beziehung zu setzen und Prioritäten festzulegen. Dadurch gewinnen sie eine Distanz, die ihnen die nötige Klarheit bei Entscheidungen verschafft und sie mutig handeln lässt.

> *„Ich habe davon geträumt, dass ich mit einem Boot gegen die Strömung rudern musste. Völlig erschöpft wachte ich auf. In der Arbeit hatte ich an diesem Tag dann dasselbe Gefühl, als wäre alles ein wahnsinnig anstrengender Kampf. Jetzt habe ich die Bilder durcheinandergebracht, aber ich glaube, Sie verstehen, was ich meine. Als ich nach Hause kam und die Wohnungstür hinter mir zumachte, war mir, als wäre ich in einem stillen Hafen gelandet. Mir wurde bewusst, warum ich abends nicht so gern ausgehe. Ich brauche einfach meine Fluchtburg."*

Häufig sind wie nebenbei hingeworfene Bemerkungen gar nicht so nebensächlich. Der Begleiter tut gut daran, auf diese

Bemerkungen zu achten, denn häufig verdecken sie unbewusste Befürchtungen oder die weicheren Gefühle, die sich ACHT, NEUN und EINS nur äußerst ungern eingestehen. Mit solchen völlig nebensächlich wirkenden Bemerkungen oder Fragen, die nur vom Thema der Sitzung abzulenken scheinen, testen ACHTer, NEUNer und EINSer geradezu, wie gut der Begleiter zuhört und versteht.

> *„Immer wieder, in den unpassendsten Momenten, fragte er mich, ob ich dieses oder jenes Lied kenne. Ob ich den Text davon wüsste. Nach einiger Zeit schwante mir, dass er indirekt über seine Gefühle sprach, indem er Lieder zitierte, die von diesen Gefühlen handeln. Er konnte, nein wollte sie nicht in Worte fassen."*

Die Schuldgefühle der ACHT, NEUN und EINS haben oft mit starken, leidenschaftlichen Emotionen zu tun. Ihre intensive Lebenslust kann in ihnen das Gefühl wecken, sie seien sich selbst gegenüber zu nachgiebig und ließen sich zu stark gehen. Manchmal finden sie sich eher animalisch als menschlich. Die ACHT und die EINS lassen diese Leidenschaftlichkeit offen erkennen, wenn auch mit unterschiedlicher Akzentuierung. Die NEUN hingegen wehrt sich gegen solche Emotionen und unterdrückt sie unbewusst, sodass sie sich träge, manchmal unachtsam und unengagiert fühlt. In jedem Fall aber ist es ihre Leidenschaftlichkeit, die die ACHT, NEUN und EINS dazu führt, sich selbst zu verdammen.

> *„In mir ist ein ganzes Blasorchester. Ein Riesenkrach von Pauken und Trompeten. Es hört sich an wie eine von diesen zeitgenössischen Symphonien, die nur aus Lärm bestehen. Sie können sich vorstellen, was ich von moderner Musik halte!"*

Kann der Begleiter abwarten, bis sich die wilde Kakophonie legt und die sanfteren Töne darunter hörbar werden, fasst die ACHT, NEUN oder EINS Vertrauen zu ihm. Er macht ihr keine Angst. Durch den Mut, an ihrer Seite zu bleiben, während sie ihre irrationalen Gefühle erlebt, stellt er Weisheit, Verständnis und Furchtlosigkeit unter Beweis – die Eigenschaften, die Menschen vom Muster ACHT, NEUN und EINS bei ihrem Begleiter suchen.

Engagement

Wer eine ACHT, NEUN oder EINS spirituell begleitet, benötigt Durchhaltevermögen und muss zulassen, dass sie ihren eigenen Plan verfolgt und selbst Verantwortung für Erkenntnis oder Wachstum übernimmt. Er muss signalisieren, dass er zwar bereit ist, Wachstum und Veränderung zu unterstützen, so gut er kann, aber nicht beabsichtigt, ihr die Arbeit abzunehmen. Bei manchen Menschen vom Muster ACHT, NEUN und EINS wird diese Botschaft ankommen als eine Ermunterung, nicht träge zu werden. Andere werden heraushören, dass der Begleiter nicht vorhat, ihnen zu nahe zu treten – eine verlockende Aussicht.

Begleiter müssen den Begleiteten in seinem Prozess unterstützen, dürfen das Prozessgeschehen jedoch nicht selbst steuern. Doch auch ohne dass sie an sich reißen, was Aufgabe des Begleiteten ist, können sie ihr Engagement unter Beweis stellen. Sie können zum Beispiel unterstreichen, was der Begleitete sagt, damit dieser es selbst noch einmal reflektiert. Manchmal ist es hilfreich, auf sich wiederholende Muster hinzuweisen. Oder der Begleiter benennt Energiepunkte, die ihm auffallen, während die ACHT, NEUN oder EINS wegen der Intensität ihrer Gefühle dafür blind ist. Indem er sie an einzelne Ereignisse aus ihrer Geschichte erinnert – ob sie Jahre zurückliegen oder sich beim letzten Treffen zugetragen haben –, unterstützt er sie darin, Verbindungen zu erkennen, die sie vorher nicht sehen konnte. Auf diese und andere Weise hilft der Begleiter ihr, sich ihrer Erfahrung bewusst zu werden und sich weiterzuentwickeln.

Fühlen sich ACHTer, NEUNer und EINSer unbehaglich oder beunruhigt, können sie ziemlich ungeduldig und ärgerlich werden. Dann ist es wichtig, dass der Begleiter nicht versucht, sie von diesem Unwohlsein zu befreien, denn diese Art von Schmerz und innerer Unruhe ist häufig notwendig, um sie aus ihrer Selbstzufriedenheit herauszuholen. Wer ihren Schmerz mit Freundlichkeit überdeckt und alle ihre oberflächlichen Bedürfnisse befriedigt, wer ihr hilft, ihre Einsamkeit zu vergessen, oder ihr Selbstmitleid stärkt, arbeitet völlig konträr zu Wachstum und Entwicklung. Damit verdient er sich auch keinen Respekt. Die ACHT, NEUN und EINS sind beeindruckt von Menschen, die nicht auf die Tricks hereinfallen, mit denen sie sich selbst oder die anderen hereinzulegen versuchen.

Wenn jemand an ihrer Seite ausharrt, bis sie sich in das Prozessgeschehen begeben, werden ACHTer, NEUNer und EINSer ermutigt, es mit sich selbst auszuhalten. Was läuft während dieser Zeit des Wartens und des Widerstandes ab? Was muss geschehen, damit Begleiter und Begleitete engagiert bleiben, ohne dass er ihnen die Arbeit abnimmt?

Mit einer Zusammenfassung seiner Beobachtungen kann der Begleiter ACHTer, NEUNer und EINSer ermutigen, Lücken mit Details und Beispielen auszufüllen oder Missverständnisse aufzuklären. In diesem Austausch bleiben die Begleiteten bei der Arbeit, klären ihre Erfahrung und formulieren sie. Es zeugt von innerer Beteiligung, wenn sie Widerstand aufseiten des Begleiters mit teilweise ätzender Schroffheit ausräumen. Der Begleiter kann ihnen daraufhin ihren Expertenstatus, was das Leben angeht, zugestehen und so den Kontakt aufrechterhalten. Mit einer solchen Auseinandersetzung wollen ACHTer, NEUNer und EINSer den Begleiter häufig nur auf Distanz halten und die eigene Verletzlichkeit überdecken. Das muss der Begleiter erkennen. Indem er sich weigert, an einer solchen Auseinandersetzung mitzuwirken, und nicht zulässt, dass die ACHT, NEUN oder EINS ihre Gefühle „wegerklärt", überlässt er ihr die Verantwortung und fordert sie heraus, ohne einen Kampf anzuzetteln. Das stärkt das gegenseitige Engagement, ohne dass es zu Auseinandersetzungen kommt.

Fragen sind häufig sehr nützlich. Der Begleiter sollte aber auf jeden Fall vermeiden, ACHTer, NEUNer und EINSer ins Kreuzverhör zu nehmen und sie nach ihrem Befinden und den Gründen dafür auszufragen. Solche Fragen können bei der ACHT, NEUN und EINS das Gefühl der Ohnmacht verstärken, keinen Zugang zu ihrer Erfahrung zu haben. Insistierende Fragen können zudem von dem gerade aktuellen Problem ablenken und die Konzentration stören. Es ist schwer für die ACHT, NEUN und EINS, sich solchen Fragen zu stellen, geschweige denn sie zu verarbeiten und entsprechend zu reagieren. Sobald ACHTer, NEUNer und EINSer aber begriffen haben, dass der Begleiter sich ihnen nicht aufzudrängen wird, fühlen sie sich in der Lage, ihn von sich aus einzuladen.

> *„Dies ist mein Revier. Wenn ich dich hereinlassen will, sage ich es dir. Wenn ich weiß, dass du dich nicht hereindrängst, lasse ich dich vielleicht von selbst herein, selbst wenn du einen richtiggehenden Saustall zu sehen bekommst. Sollte ich aber den Eindruck haben, dass du dich einmischen und bei mir aufräumen willst – vergiss es! Das ist meine Sache."*

Im Unterschied zu FÜNF, SECHS und SIEBEN, die eine Aufforderung oder Einladung brauchen, um ihr Schneckenhaus zu verlassen, benötigen ACHTer, NEUNer und EINSer die Freiheit, den Begleiter in ihre Welt hereinzubitten. Sollten sie den Eindruck haben, dass der Begleiter zwar methodisch vorgeht, aber nicht richtig zugewandt ist, werden sie diese Einladung niemals aussprechen. Nicht aufgrund seiner fachlichen Kompetenz öffnet sich die ACHT, NEUN oder EINS einem Begleiter, sondern nur wenn er ihr vermittelt, dass er sie als Person ernst nimmt. Es ist für Begleiter ziemlich schwierig, eine ACHT, NEUN oder EINS zu überzeugen, dass er ihr nicht mit angelernten Fertigkeiten, sondern mit echter Sensibilität begegnet. Sind sowohl Fertigkeit als auch Sensibilität vorhanden und hat der Begleitete beides sorgfältig geprüft, kann er im Prozess der spirituellen Begleitung zu kontemplativer Bewusstheit gelangen und sich auf die Umkehr einlassen.

12. Kapitel

Die Begleitung einer ACHT

Spricht eine ACHT über ihre Erfahrungen, erwähnt sie oft, wie sehr ihre Energien sie beeinflussen. Der Schwerpunkt in der spirituellen Begleitung besteht häufig darin, diese Energien zum Ausdruck zu bringen, zu kontrollieren und zu kanalisieren. Manchmal äußert sich diese Energie als Wut und Aggression. Es ist jedoch wohl zutreffender, von leidenschaftlichem Engagement für alles zu sprechen, was die ACHT beschäftigt und ihr am Herzen liegt.

Die ACHT sieht das Leben mit klaren Augen; es geht ums Überleben. Deswegen wächst sie sehr unabhängig auf und geht ihren Weg allein, ganz gleich, ob andere das begrüßen oder nicht. Ihr ist wichtig, integer zu bleiben und Herr ihrer selbst und Herr der Lage zu sein, in der sie sich gerade befindet. Schon früh im Leben lernt die ACHT, wie wichtig es ist, sich durchzusetzen. Diese Stärke und Selbstsicherheit entwickelt sie nicht bewusst, sondern folgt eher ihrem Instinkt und kommt dann zu dem Schluss, dass die anderen sie wegen ihrer Aufrichtigkeit und wegen ihres Mutes respektieren, für ihre Überzeugung zu kämpfen.

Durchsetzungswille kann bei der ACHT leicht in Aggression umschlagen. Sie setzt ihre Wut gerne als Manipulationsinstrument ein, und zwar oft im Interesse der Gerechtigkeit und des Rechts. Obwohl es ihr nicht in erster Linie darauf ankommt, zu gewinnen, achtet sie darauf, im Leben nicht zu verlieren. Die ACHT versteckt alle möglichen Gefühle hinter ihrer Wut. Oft ist sie als aggressiver Schlägertyp oder als streitlustiger Herausforderer aufgewachsen. Vor dem spirituellen Begleiter, der sich ihre Geschichte anhört, entfalten sich diese Themen von Macht und Kontrolle auf unterschiedliche Weise.

Die ACHT hat ein ausgeprägtes Ehrgefühl. Auf dem Weg der Erlösung setzt sie sich selbstlos für andere ein. ACHTer in Führungspositionen im Erziehungswesen, in der Politik, der Verwaltung und in religiösen Institutionen sind nicht ungewöhnlich. Die ACHT kann die Energie in anderen ebenso wecken, wie sie auf dem Weg der Umkehr lernt, die eigene Energie zu beherrschen.

Die ACHT hasst alles, was ihr nicht echt erscheint, und zögert keinen Augenblick einzuschreiten, wo sie einen Mangel an Integrität vermutet. In ihrem Streben nach Aufrichtigkeit und Wahrheit bekommt sie allerdings leicht einen gewissen Tunnelblick, was Integrität angeht. Sie hält sich ihre direkte Art und ihre unbedingte Treue zugute und verabscheut Ablenkungs- und Täuschungsmanöver. Das heißt aber nicht, dass sie großen Wert darauf legt, bestehende Regeln einzuhalten, besonders dann nicht, wenn Bestimmungen gegen Gleichheit und Gerechtigkeit verstoßen. Für sie zählt der Sinn für Werte. Sollte es der Erhaltung der Werte dienen, gegen Regeln zu verstoßen, betrachtet sie entsprechendes Verhalten als gerechtfertigt.

Die ACHT glaubt in oftmals idealistischer Weise an den Triumph der Gerechtigkeit. Sie versteckt ihre natürliche Unschuld hinter einem starken Auftreten und einer gewissen Härte. Ihr Humor kann deftig, schneidend und sarkastisch sein. Das ist jedoch nur eine andere Weise ihres Widerstands dagegen, dass jemand sie ausnutzt. Wer eine ACHT spirituell begleitet, muss ihr helfen, zu unterscheiden zwischen echter Hingabe und bloßer Einmischung in Dinge, die sie persönlich eigentlich kalt lassen. Wo die Unterdrückten und die Unterdrücker kein konkretes Gesicht haben, kann aus dem Eintreten der ACHT für das Recht leicht Skrupellosigkeit und Unbarmherzigkeit werden.

> *„Es gibt da eine Geschichte, die gut beschreibt, wie ich bin: Ein Elefant wurde gefragt, warum er auf einen kleinen Floh getreten war und ihn zerquetscht hatte. Er antwortete: ‚Ich wollte ihm doch nur ein Bein stellen!' Das bin ich, wenn ich mich für etwas einsetze, was mir sehr wichtig ist. Ich kann jemanden zerquetschen, der mir in die Quere kommt, auch wenn ich nur wollte, dass er ein bisschen stolpert, oder, na ja, vielleicht auch ein bisschen auf die Nase fällt."*

Die andere Seite der ACHT, die sie oft als Widerspruch zu ihrer Stärke und Macht versteht, ist ihre Verletzlichkeit. Sie hat eine kindliche Sanftheit, ja, Zartheit an sich. Das Wort „großherzig" passt auf die ACHT, die sich für andere öffnet. Ja, sie hat ein großes Herz. Die physische und die psychische Umarmung einer befreiten ACHT, die nicht glaubt, sich verteidigen zu müssen, vermittelt eine liebevolle, einheitsstiftende Leidenschaft, die genauso umwerfend sein kann wie ihre Wut.

Wodurch wird die ACHT vom Kämpfer zum Liebhaber? Zuerst muss sie zu der Überzeugung gelangen, dass sie nicht alles alleine tun kann. Gegenseitigkeit und Gemeinsamkeit sind die Nährstoffe, die sie braucht, damit ihre Anstrengungen Früchte tragen. Auch wenn sie damit das Risiko eingeht, ausgenutzt zu werden, muss sie lernen, nicht nur nach dem eigenen Nutzen zu fragen und der Angst standzuhalten, die sie davor hat, ihre eigene Schwäche zuzugeben.

ACHTer können zwar unschuldig sein, keinesfalls sind sie jedoch naiv. Unschuld bedeutet, sich in aller Offenheit auf eine Situation einzulassen im Wissen darum, was es einen möglicherweise kostet. Naivität heißt, genau das nicht zu wissen und nicht zu sehen, was dieses oder jenes Risiko umfasst. Wenn sie zwischen beidem unterscheiden kann, kann die ACHT die Spannung zwischen Verwundbarkeit und Stärke leichter aushalten. Sie kann wachsam und auf der Hut vor Gefahren sein und zugleich wissen, dass sie sich auf ein Wagnis einlassen kann.

Die Emotionen der ACHT können andere gewaltig unter Druck setzen. Sie setzt sich jedoch auch selbst unter Druck. ACHTer sind spontan, kämpferisch, oftmals gesellig und von dem, was ihnen gefällt, können sie kaum genug bekommen. Bei Langeweile und Routine werden sie schnell ungeduldig; wenn sie frustriert sind, suchen sie schnell nach neuen anregenden Erfahrungen.

> *„Ich werde einer Sache sehr schnell überdrüssig. Deswegen habe ich ständig die Stelle gewechselt. Ein neuer Job ist immer besser als der alte, ich habe also nichts zu verlieren. Aber wenn ich ihn dann eine Zeit lang gemacht habe, fängt er auch schon wieder an, mich zu langweilen. Er bietet mir keine Herausforderungen mehr. Ich fühle mich eingesperrt, also breche ich wieder einmal aus und suche mir etwas Neues, was mich mehr fordert."*

Mit dem folgenden Beispiel beschreibt der Begleiter einer ACHT dieses Phänomen:

> *„Walter steckt eine Menge Zeit und Geld in eine Aktivität nach der anderen. Der letzte Schrei ist jetzt Yoga. Erst hat er alle möglichen Bücher darüber gekauft, dann hat er sich nach Kursen umgesehen und einen Kurs belegt. Er hat sich spezielle Kleidung und eine Matte gekauft, die er immer mit in den Kurs nehmen kann. Ich sagte ihm, dass er sich in ein paar Wochen auf irgendetwas anderes stürzen würde. Er*

wurde ein bisschen rot und wechselte das Thema. Ich glaube, damit habe ich ins Schwarze getroffen."

Jede Art von Exzess, ob auf dem Gebiet intellektueller Anstrengungen, der Arbeit, des Gesellschaftslebens, der Unterhaltung oder der Kunst, wirkt als Mittel gegen Langeweile. ACHTer können schnell unangenehm werden, wenn ihre Umwelt sie nicht ausreichend mit Stimulation versorgt. Andererseits fürchten sie eine Überstimulation, obwohl sie ihr Vergnügen daran haben, ihre Grenzen zu überschreiten und sich hemmungslos auf Situationen oder Menschen zu stürzen. ACHTer können die Emotion nicht losgelöst von ihrem Körper betrachten. Eine ACHT „hat" keine Emotionen; sie ist, was sie fühlt. Aus diesem Grund machen ihr Sinnlichkeit und Sexualität Angst. Sie verwickeln sie in Probleme, machen sie anderen gegenüber verletzlich und ziehen sie hinunter ins Primitive und Animalische.

Eine ACHT zu begleiten kann überaus anstrengend sein. Der Begleiter muss in der Lage sein, sich im Kampf zu behaupten, ob es sich um einen offenen Schlagabtausch oder eine spritzige intellektuelle Auseinandersetzung handelt. Persönliche Aufrichtigkeit und Integrität sind der Maßstab, den die ACHT an ihn anlegt, um Stärke und Ebenbürtigkeit zu messen. Sobald der Begleiter seine geradlinige Offenheit in Verbindung mit echter Zuwendung einmal unter Beweis gestellt hat, klappt die ACHT ihr Visier hoch und lässt ihre feinen, eher zarten Gefühle erkennen, ihren Schmerz, ihre Trauer und ihre Einsamkeit. Eine ACHT zu begleiten ist alles andere als langweilig, es ist anstrengend und anregend – sofern sie sich den Aufwand überhaupt zumutet.

Die ACHT kann die Unterstützung ihres Begleiters annehmen, sie hat jedoch kein Interesse an sentimentaler oder rührseliger Zuwendung. Auch von ausdrücklichen Komplimenten und verbaler Bestätigung hält sie nicht viel. Der Begleiter kann seine Zuwendung am besten zum Ausdruck bringen, indem er ihre Erfahrungen auf sensible und ehrliche Art aufgreift.

Ist die vertrauensvolle Atmosphäre erst einmal geschaffen, nimmt die ACHT die Anregungen des Begleiters, wie sie Erkenntnisse gewinnen kann, gerne auf. Anders als die ZWEI, DREI und VIER verfängt sich die ACHT nicht in Selbstanalysen, sondern lässt sich unbefangen auf aktive Imagination und Traumarbeit ein und kann Mythen und Symbole mit ihrer Erfahrung zusammenbringen. In dem Maß, in dem sie freier und weniger ängstlich wird, öffnet sie sich für die Methoden der inneren Arbeit mit der gleichen Begeisterung, mit der sie sich auf die anderen Gebiete ihres Lebens stürzt.

Es ist wichtig, dass der Begleiter der ACHT Mut macht, ja, sie anfeuert, sobald sie mit ihren Erinnerungen oder mit ihrer gegenwärtigen Erfahrung in Kontakt kommt. Denn nun muss sie diese Erfahrungen erforschen und erproben, Gefühle ausdrücken und Urteile formulieren. Diese Energien können der ACHT Angst machen, weil sie sie besonders stark empfindet. Oft projiziert sie ihre Angst auf den Begleiter und hält ihre Gefühle zurück, weil der Begleiter in ihrer Fantasie nicht stark genug ist, sie zu ertragen. Für die ACHT ist es vielleicht noch notwendiger als für alle anderen Muster, die Emotionen zu äußern, auch wenn sie erschreckend intensiv sein können. Ein Begleiter, der solch starke Emotionen fürchtet, wird den Prozess verlangsamen und sich an den Ängsten der ACHT ausrichten. Es ist aber erforderlich, dass der Begleiter sich den starken Gefühlen furchtlos stellt, damit der Begleitete es ihm gleichtun kann.

Die ACHT wünscht sich von ihrem spirituellen Begleiter Stärke ohne Aggression, Macht ohne Machtkampf und Aufrichtigkeit, die nicht in Unbarmherzigkeit umschlägt. Auf ihrem persönlichen Weg muss sie lernen, den Schwerpunkt ihrer Aufmerksamkeit vom Kämpfen als Selbstzweck auf den Kampf für mehr Gerechtigkeit zu verlagern. So kann sie ihre Energie in sinnvolle Bahnen lenken. Gerechtigkeit verkörpert sich immer in Beziehungen und menschlichen Situationen. Deshalb ist es für die ACHT notwendig, ihren eigenen inneren Gefangenen mit Respekt zu behandeln und ihn zu befreien. Wenn ihr das während ihres eigenen Umkehrprozesses gelingt, wird sie dadurch auch sensibler für den inneren Gefangenen in anderen. Die ACHT wird sich auch weiterhin immer wieder in Probleme verstricken, doch sie muss lernen, dabei auf ihre eigene Präsenz ebenso zu achten wie auf die ihres Gegenübers. Indem der Begleiter sie dazu ermutigt, sich der Herausforderung einer Selbstpräsenz ohne Selbstverurteilung zu stellen, kann er sie darin unterstützen, zu einem Menschen zu werden, der anderen Kraft gibt.

eigene Schwäche finden
→ Transfer auf Schwächen
anderer möglich

13. Kapitel

Die Begleitung einer NEUN

Die NEUN strahlt in unerlöstem Zustand eine ruhige, jedoch nicht friedvolle, sondern eher schwer und tot wirkende Energie aus. Die NEUN unterdrückt instinktiv alles, was sie beunruhigen könnte, insbesondere alles, mit dem sie sich selbst oder andere konfrontieren müsste. Für die NEUN und ihren spirituellen Begleiter ist es ein Zeichen, dass etwas an die Oberfläche drängt, wenn das Leben besonders langweilig, fade und ohne Verheißung zu sein scheint.

Das bedeutet nicht, dass die NEUN unfreundlich wäre, menschliche Kontakte meiden würde oder kein Interesse an dem hätte, was um sie herum vorgeht. Wenn dieser Rückzugsmechanismus am Werk ist, wirkt sie manchmal sogar besonders engagiert. In ihrem Bemühen, jede innere Bewegung zu vermeiden, kann sie geselliger wirken als sonst. Sie sucht dann nicht nur den Umgang mit anderen, sondern auch neue Herausforderungen oder Zerstreuung. Dabei kann es sich um alles Mögliche handeln: intellektuelle Beschäftigung, Sammeln von Informationen oder Teilnahme an Workshops, Kursen und Gruppen zum inneren Wachstum. Mancher NEUN bereitet es Freude, sich mit Apparaten und Maschinen zu beschäftigen. Andere werden begeisterte Sportfans, allerdings meistens eher vom Spielfeldrand aus oder vor dem Fernseher als auf dem Rasen.

Diese Suche nach Zerstreuung mit dem Ziel, sich nicht auf den inneren Weg einlassen zu müssen, ist eine Form des Widerstands, die in einer inneren Trägheit wurzelt, trotz der oft damit verbundenen physischen Aktivität. Bei unerlösten

NEUNern deutet diese Dynamik auf eine tiefe, oft unbewusste Angst davor, Wesentliches aus der unbearbeiteten Vergangenheit aufzuwühlen.

Mehr als die anderen Muster möchte die NEUN die Ruhe und Sicherheit des Paradieses festhalten, jene Geborgenheit im Mutterleib, wo alles ruhig ist, alle Bedürfnisse gestillt und alles Lebensnotwendige vorhanden ist. Mit leisem Groll will sie wiedererlangen, was ihr nach ihrer Meinung von Geburt an zusteht. Sie verbringt viel Zeit mit ihrem zwanghaften Widerstand dagegen, sich in die Welt innerer und äußerer Konflikte und Konfrontationen zu begeben.

Mit den Jahren häufen sich Erfahrungen, die sie nicht beachtet, Emotionen, die sie nicht durchgearbeitet, und Enttäuschungen, die sie sich nicht eingestanden hat. Ein stetig wachsendes Arsenal von unerledigten Angelegenheiten zu unterdrücken wird immer schwerer. Das erzeugt eine Spannung, die es immer schrecklicher und damit immer schwerer erscheinen lässt, diese Themen anzusprechen. Und obwohl die NEUN auf einer tief verborgenen Ebene genau weiß, dass sie ihren Weg selbst gehen muss, sucht sie immerfort nach Menschen, die ihr die Arbeit abnehmen, oder nach Wegen, um nicht selbst aktiv werden zu müssen.

Das erhofft sich die NEUN häufig von irgendwelchen Informationen: Ein Kurs, ein Lehrer oder ein Workshop wird die Antwort bringen. Wenn sie dann irgendwann begreift, dass sie ihre Probleme intellektuell nicht lösen kann, und spirituelle Begleitung sucht, kann es vorkommen, dass sie sich von ihrem Begleiter abhängig macht. Er soll für sie die Umkehr bewerkstelligen.

Diese Neigung, sich auf den Begleiter zu verlassen, kann für die NEUN, aber auch für eine bestimmte Art von Begleitern zum Fallstrick werden. Mancher Begleiter übernimmt nur zu gern die Rolle, die bei NEUNern weit verbreitete

Überzeugung zu widerlegen, dass sich niemand für sie interessiert. Enthusiastisch nimmt er die Reaktion der NEUN auf, die sich darüber freut, dass es doch jemanden gibt, dem sie nicht gleichgültig ist. Damit übernimmt er womöglich die Verantwortung dafür, dass die NEUN sich selbst annimmt und wertschätzt. Manche Begleiter lassen sich dazu verführen, für den Begleiteten gedankliche Verbindungen herzustellen, Erkenntnisse herauszuarbeiten, Fragen zu beantworten, Unterscheidungen zu treffen, Methoden zur Entscheidungsfindung vorzuschlagen oder sich alles Mögliche auszudenken, was er tun könnte. Irgendwann verliert die NEUN dann aber den Respekt vor ihrem Begleiter, weil sie zutiefst spürt, dass sie ihn manipuliert hat und dass er übernommen hat, was in Wirklichkeit ihre Aufgabe im Prozess der Umkehr wäre.

Sich gerade so weit an die Umstände anzupassen, dass diese erträglich sind, ist eine Methode der NEUN, die Konflikte in ihrem Leben zu reduzieren, ohne sich allzu tief auf den Wandel einlassen zu müssen. Der Begleiter spielt dieses Spiel der kleinstmöglichen Anpassung mit, wenn er glaubt, dass diese Anpassung den Anfang eines radikalen Wandels darstellt. Er konfrontiert die NEUN dann nicht mehr weiter mit sich selbst, weil er davon ausgeht, dass sie dies selbst tut. In Wahrheit hat sich aber nur ihr Unbehagen gelegt, das ihr Begleiter verursacht hat, als er sie zur Beschäftigung mit ihren Themen angehalten hat. Aktivität in nennenswertem Umfang wurde jedoch noch gar nicht in Gang gesetzt.

> *„Ich dachte immer, wir kämen bei unseren Treffen voran. Marie fand immer wieder zu neuen Einsichten und konnte zugeben, wo sie sich selbst täuschte. Aber wenn wir uns das nächste Mal trafen, war es, als ob die Wolken, die sich kurz geteilt hatten, wieder dicht geschlossen wären. Sie tappte*

wieder in ihrem Nebel umher und hatte überhaupt keine Verbindung mehr zu den Erkenntnissen, die sie schon gewonnen hatte."

Am leichtesten erreicht die NEUN, dass alles ruhig und ungestört bleibt, indem sie einfach vergisst. Indem sie sich nicht erinnert, würgt sie den Prozess der Umkehr ab. Das entbindet sie von der Verantwortung für Intimität und Freundschaft.

„Daniela rührte in der letzten Sitzung an etwas, das ihr einen riesigen Schrecken einjagte. Das war deutlich zu sehen. Sie wurde weiß wie die Wand und einen Augenblick lang glaubte ich, sie würde ohnmächtig. Die ganze Woche über dachte ich an sie. Würde sie damit zurechtkommen, ganz allein einer so erschreckenden Wirklichkeit ausgeliefert zu sein? Als sie das nächste Mal kam, erwähnte sie die vorige Sitzung überhaupt nicht. Sie redete über irgendwelche anderen Dinge. Nach zehn Minuten hielt ich es nicht mehr aus und sprach das Thema von mir aus an. Sie sah mich eine Zeit lang etwas verwirrt an. Dann sagte sie: ‚Wissen Sie was? Das hab ich einfach vergessen.' Es war unglaublich! Wie konnte sie etwas so offensichtlich Entscheidendes vergessen! Inzwischen weiß ich, dass das eben genau die Dinge sind, die sie vergisst."

Wer mit einer unerlösten NEUN zu tun hat, muss sich auf eine Menge passiv-aggressiven Verhaltens gefasst machen. Ihr Humor ist zynisch. Man muss genau hinhören, um die Botschaft in einer nebenbei hingeworfenen Bemerkung zu verstehen. Häufig dient eine solche versteckte Aussage dazu, die Aufmerksamkeit und das Verständnis des Begleiters zu prüfen. Die Wut der NEUN findet Ausdruck in kühler Logik, mit der sie dem anderen ein Bein stellt.

Manchmal reduziert die NEUN einfach ihr Tempo, um nicht zu tun, was andere von ihr erwarten; sie sitzt die Angelegenheit aus, bis der andere aufgibt und sich zurückzieht. Sie kann sich beklagen und quengeln oder aber verstummen; damit setzt sie eine weniger auffällige Form des Widerstands ein. Am raffiniertesten aber ist die Haltung scheinbarer Zustimmung, der Anschein von Zusammenarbeit, mit dem die NEUN lästige Menschen los wird, unter anderem auch den spirituellen Begleiter.

Es fällt selbst erlösten NEUNern schwer, Entscheidungen zu treffen. Sie lassen Ideen, Gefühle oder Verhaltensweisen einfach zusammenkommen, ohne Prioritäten zu setzen. In einer schwierigen Situation ziehen sie es oft vor, gar nichts zu tun. Sie nehmen stattdessen mit dem vorlieb, was übrig bleibt, wenn alle anderen Möglichkeiten versagt haben oder obsolet und irrelevant geworden sind. NEUNer finden es deshalb so schwer, sich für etwas zu entscheiden, weil die Entscheidung eine gewisse Verantwortung bedeuten würde. Und sobald sie die persönliche Verantwortung akzeptiert haben, folgen persönliche Verpflichtungen. Außerdem gehört zu echtem Engagement so etwas wie Leidenschaft. Die NEUN fürchtet sich jedoch vor jeder Form von Leidenschaft, die sie aus ihrer unerschütterlichen Ruhe reißen könnte.

Selbst wenn die NEUN selbst nicht handelt, maßt sie sich doch Urteile über andere an, die es tun. Weil sie sich unbeteiligt fühlt, kann sie in Erfahrungen und in die Gespräche darüber ein- und wieder aussteigen, wie es ihr beliebt. Oft scheint sie freundlich und alles andere als furchterregend und so möchte sie auch sein. Wenn ihre passiv-aggressive Art jemanden ärgert oder veranlasst, aufzugeben und wegzugehen, ist sie oft erstaunt. Sie hatte nichts Böses im Sinn, im Gegenteil, sie hatte vielleicht durchaus Gefallen an der Gegenwart des anderen. Aber so ist das Leben, denkt sie dann, die Menschen kommen und gehen und man kann sich auf niemanden verlassen.

Wenn die NEUN sich selbst auf die Schliche kommt, ist sie irritiert von ihrer ständigen Bereitschaft, ihre Emotionen zu unterdrücken. Wenn sie tatsächlich aufwacht, kann sie enorme Schuldgefühle entwickeln wegen ihrer Weigerung, für Werte und Prinzipien zu kämpfen, und weil sie immer den Weg des geringsten Widerstands geht und sich feige davonschleicht. Solche Erkenntnisse werfen sie meist zurück in ihre anfängliche emotionale Isolation. Durch diesen Vorgang distanziert sie sich von allen Konsequenzen aus der neu gewonnenen Einsicht. Unbewusst kehrt sie zu einer inneren Untätigkeit zurück, kapselt sich entweder völlig ab oder stürzt sich in Aktivitäten, die sie vor weiteren Erkenntnissen schützen.

Oft kostet es die NEUN viel Geduld, um ihren eigenen inneren Saboteur aufzuspüren und zur Rede zu stellen, der nicht nur andere, sondern auch sie selbst betrügt. Sie muss die Erfahrung machen, dass Konflikte weiterführen und im Idealfall sogar Freude machen können. Konflikte erfüllen mit Energie. Sie geben dem Leben den Sinn, dessen Existenz die NEUN bezweifelt. Konflikte können gelöst werden und der dann entstehende Friede ist nicht langweilig, sondern lebendig; er stiftet Einheit, statt Grenzen zu errichten. Die NEUN findet es schwer, sich von der Umwelt abzuheben. Genau diese Umwelt wird nun zu einer Arena, in der die NEUN durch ihre Entscheidungen ihr Engagement bekundet.

Während die VIER die Gefühle anderer Menschen und die Stimmungen in ihrer Umgebung als ihre eigenen übernimmt, neigt die NEUN dazu, sich von Orten und Menschen aufsaugen zu lassen und mit ihnen zu verschmelzen. In ihrer zwanghaften Ausprägung lässt diese instinktive Verhaltensweise die unerlöste NEUN ihre Identität in ihrer Umwelt und in den Menschen um sie her verlieren. Als Tugend bewirkt diese instinktive Verhaltensweise ein tiefes Einssein mit der Schöpfung, jene Einheit und Liebe, in der die Gute Nachricht der Bibel besteht.

Die NEUN weiß, dass sie zur Hingabe an das Leben und zur Vereinigung mit Gott berufen ist. Auch der Begleiter muss das wissen; er darf nicht zu viel Hilfestellung geben. Er muss sich vor zu großen Anstrengungen hüten, die NEUN aus ihrer Verzweiflung zu erlösen, und er darf nicht zu intensiv mit ihr um Scharfblick und Urteilskraft ringen. Wenn er sie ihrem Schmerz überlässt und darauf besteht, dass sie ihren eigenen Weg sucht, und dabei doch seine Zuwendung aufrechterhält, dann teilt er ihr die Botschaft mit, die sie einfach hören muss. Der Begleiter darf sie nicht im Stich lassen, aber er darf sie auch nicht mit Proviant für ihren Weg versorgen. Das tut Gott allein.

14. Kapitel

Die Begleitung einer EINS

Das Auffallendste an der EINS ist ihre ruhelose Unzufriedenheit. Diese Ungeduld bezieht sich nicht nur auf sie selbst, sondern auch auf andere Menschen und auf die ganze Welt. Das Streben nach Perfektion bestimmt ihr gesamtes Denken und Handeln. Wodurch werden die Verhältnisse besser? Wie kann ich es vermeiden, ständig Enttäuschungen zu erfahren? Wie kann ich die kleinen Fehler beseitigen – denn jeder noch so kleine Fehler macht Gedanken, Worte und Handlungen wertlos. Die EINS ist mit dieser Sichtweise geschlagen.

Diese Sichtweise treibt die EINS manchmal dazu an, Kritik zu üben und Reformen in Angriff zu nehmen. Ihr Humor ist oft satirisch, eine hintergründige Form, den anderen im Spaß anzurempeln, meist verbunden mit der Hoffnung, dass sich dadurch etwas bessert. Unerlöste EINSer glauben tatsächlich, Vollkommenheit sei möglich. Sie hoffen, durch ihre satirische Art den Blick auf die kleinen Schwächen und die Verfehlungen der Menschheit zu schärfen, sodass es mit der Zeit möglich wird, ein für alle Mal zu beseitigen, was ihrem unerlösten Zwangsdenken nach ein für alle Mal beseitigt werden muss.

Die EINS hat einen Hang zu einer stark moralisch gefärbten Rechtschaffenheit. Die Art, wie sie etwas als „richtig" oder „falsch" empfindet, unterscheidet sich von der Art, wie die SECHS über „richtig" und „falsch" spricht. Bei der SECHS handelt es sich um ein Gefühl für die Ordnung, die sich auf Regeln und Gebote stützt; die Betonung liegt darauf, dass alles „passt" und nicht „in Unordnung" ist. Hingegen geht es für die EINS um das Gute im Gegensatz zu etwas

Schlechtem oder Bösem. Für die SECHS ist es wichtig, in den entscheidenden Fragen auf der richtigen Seite zu stehen, während in den Augen der EINS ein Standard der moralischen Vollkommenheit existiert, von dem man nicht abweichen darf.

Diese innere Einstellung äußert sich häufig in einer intensiven, manchmal verbissenen Ernsthaftigkeit. Der EINS fällt es schwer zu spielen und häufig verkleidet sie ihr Spiel als Arbeit, um es vor sich selbst und vor den anderen zu rechtfertigen. Sie hätte mehr Spaß nötig, als sie sich tatsächlich gönnt, aber es fällt ihr schwer, sich Zeit zu nehmen für ein Spiel, das sie ihrer Meinung nach nicht verdient hat. Sie muss sich selbst antreiben; sie will keine Zeit vergeuden bei der anstrengenden Arbeit, ein sinnvolles Leben zu führen. Weil sie keine Zeit vertun will, packt sie manchmal ihren Terminkalender zu voll und kommt zu spät zu Verabredungen, auch im Rahmen der spirituellen Begleitung.

Der innere Kritiker nimmt bei der EINS offensichtlich sehr viel Platz ein. Jeder Mensch wird von einem inneren Gutachter und Richter angetrieben. Im Lauf der Entwicklung des Egos entsteht dieser Persönlichkeitsaspekt bei allen Menschen. Es lohnt sich für Menschen, die keine EINS sind, ihr Wissen um ihren eigenen inneren Richter dazu zu nutzen, die Erfahrungswelt der EINS zu verstehen. Jeder Mensch muss sich gelegentlich mit der Überzeugung herumschlagen, nicht liebenswert zu sein. Diese innere Auseinandersetzung kann eine Ahnung davon vermitteln, was es heißt, in der inneren Welt einer EINS zu leben. Der innere Kommentator schläft nie, vergibt nie und treibt sie immer an, besser zu werden.

Manchmal, wenn sie nicht mehr weiterkann, gelingt es der EINS, die immer gleichen und sich wiederholenden Anklagen zum Schweigen zu bringen. Der Zwang zur Perfektion wird nach außen projiziert und nun erscheinen die anderen als fordernd und kritisch. Dann springt die EINS vor und zurück. Zuerst klagt sie sich selbst an, um Anklagen von außen zu vermeiden. Dann verteidigt sie sich mit Erklärungen, durch die sie ihre Handlungen als moralisch oder gut hinstellt oder zumindest als gut gemeint und so perfekt, wie es ihr möglich ist.

> *„In meinem Kopf befindet sich eine Kreissäge. Mein Begleiter hat mir irgendwann einmal gesagt, dass ich im Gespräch mit ihm meine Kommentare an irgendjemand Dritten richtete, den ich geradezu anschaute, während ich mit ihm sprach. Er winkte und sagte: ‚Hallo, hier sitze ich! Mit wem sprechen Sie eigentlich?' Es war dieser Kritiker, den ich anschaute, dieser Teil, den ich so gut kenne, der immer eine Rechtfertigung fordert bei allem, was ich tue oder sage. Ich konnte ihn beinahe sehen. Und, bei Gott, ich konnte ihn hören."*

Wenn die EINS über Probleme in der Beziehung mit anderen spricht, liegt der Schwerpunkt natürlich auf den Auswirkungen dieses allgegenwärtigen inneren Kritikers. Die EINS fühlt sich gezwungen, anderen mit – wie diese finden – brutaler Offenheit zu begegnen, während sie selbst diese Auseinandersetzung hilfreich findet. Wegen ihrer schonungslosen Offenheit wird die EINS häufig als feindselig und aggressiv beschrieben. Während sie meint, lediglich die Wahrheit zu sagen, fühlt sich ihr Gegenüber beschimpft. Sie selbst glaubt, den anderen mit sanftem Druck in Richtung Verbesserung zu bewegen, er jedoch erlebt es als zänkische Auseinandersetzung. Wo sie der Überzeugung ist, lediglich ihre Beobachtungen mitzuteilen, wird sie von anderen als zudringlich empfunden. Solches Verhalten kann gemeinsame Arbeit, Gruppentreffen oder persönliche Gespräche stark behindern. Während die EINS in aller Unschuld meint, dass sie die anderen ganz freundlich dazu auffordert, Fehler zu korrigieren, entstehen im Adressaten dieser Ermahnungen Groll und Enttäuschung.

Umgekehrt ist die EINS der Meinung, die anderen erwarteten zu viel von ihr. Sie spürt das Bedürfnis, sich gegen die vermeintlichen Erwartungen der anderen zur Wehr zu setzen, die jedoch meist dem eigenen Anspruchssystem der EINS entspringen. EINSer sind leicht reizbar; sie geben sich schließlich alle Mühe, doch wird das scheinbar nicht gewürdigt. Besonders Vorgesetzte, so meinen sie, scheinen sie falsch einzuschätzen und ihre Bemühungen nicht zu honorieren. Hier wird wieder die Qualität von Beziehungen durch Projektionen gestört. Der innere Kritiker wird zum äußeren Kritiker.

Die EINS muss es erreichen, dass sie nicht länger vor dem überkritischen Aspekt ihrer selbst flieht oder sich davor duckt. Sie muss sich umdrehen, sich ein Herz fassen und dem gnadenlosen Richter ins Auge sehen, der wie ein gefräßiges Ungeheuer niemals genug Perfektion bekommt, um seinen Appetit zu stillen. Diese Konfrontation kann sich in einer aktiven Imagination vollziehen, in der die EINS in ihrem inneren Erleben dahin gebracht wird, sich ihrem anklagenden Anteil entgegenzustellen und mit ihm zu sprechen.

Ganz gleich, welchen Weg die EINS wählt, sie braucht die Unterstützung eines Begleiters, um nicht den Überblick zu verlieren und wieder in ihre alten Befürchtungen abzugleiten. Der Begleiter muss sie ermuntern, weiterzumachen und mit ihren Imaginationen fortzufahren, wenn sie meint, es nicht gut genug zu machen. Es ist für die EINS nicht leicht, dem Abgleiten zu widerstehen und sich zu weigern, dem beurteilenden Aspekt ihrer Persönlichkeit wieder das Ruder zu überlassen. Im Prozess der Umkehr ist es wichtig, dass sie dem tieferen Sinn des Seins vertraut. An dieser Quelle, wo Güte und Leben entspringen, endet das Beurteilen.

Der Begleiter muss sich mit dem wahren Selbst verbünden, mit dem Anteil der EINS, der zulassen kann, dass das Leben in beständigem Wandel und Wachstum besteht. Sie muss einsehen lernen, dass das, was für den einen Menschen gut ist, nicht notwendigerweise für den anderen gut sein muss. Wie immer diese Einsicht zustande kommt, immer bedeutet sie einen Schritt der Umkehr in Richtung des echten und einzigartigen Wesens, das unter der früh erworbenen Rolle des „feinen Kerls" verborgen liegt.

Ein weiterer Aspekt der EINS ist ihre Ambivalenz in Bezug auf ihre Triebe. Einerseits möchte sie ausbrechen und rebellisch, ungehorsam und freizügig sein. Andererseits kann sie sich nicht gestatten, diese Rebellion in die Tat umzusetzen oder sie sich auch nur in Gedanken auszumalen. Sie sieht sich außerstande, bewusst gegen ein moralisches Gebot zu verstoßen; schon die Vorstellung fällt ihr schwer. Böses zu tun ist für die EINS gleichbedeutend mit Selbstzerstörung. In der Folge fürchtet sie sich vor ihren Trieben und versucht, sie durch Rationalität und Vernunft zu unterdrücken. Sie meint, ihre Emotionen und ihre Sinnlichkeit an die Kandare nehmen zu müssen, und erlegt sich stattdessen Regeln für moralisch einwandfreies Verhalten auf.

> *„Ich höre mich selbst sagen: ‚Wie konnte ich nur so blöd sein! Warum bloß habe ich es nicht gemacht? Ich wusste doch, was zu tun ist.' Ich glaube, ich habe es einfach nicht geschafft. Ich hoffe, dass ich eines Tages daran glaube – nein: die Erfahrung mache –, dass das Leben nicht nur schwarz und weiß ist, sondern oft grau und dass das in Ordnung ist. Im Bezug auf andere ist mir das schon klar. Ich möchte es aber endlich auch für mich akzeptieren."*

Irgendwann im Lauf der spirituellen Begleitung wird die EINS ihre Kritik auch gegen den Begleiter richten, und zwar umso mehr, je höher das Podest ist, auf das sie ihn vorher in ihrer Bewunderung gestellt hat. An diesem Punkt ist es von entscheidender Bedeutung, dass sich die inneren Kritiker des Begleiters und des Begleiteten nicht miteinander verbünden und die beiden aus dem Hier und Jetzt herauskatapultieren. Erst wirkliche Selbstannahme ermöglicht den Prozess der Umkehr.

Am meisten beeindruckt ist die EINS von ihrem Begleiter vermutlich, wenn er freundlich und ohne Zwang mit sich selbst umgeht. Dadurch kann er ihr helfen, zu erkennen und zu erleben, wie man sich selbst vergeben kann und so die Liebe zu sich selbst, zum Mitmenschen und zu Gott findet. Gerade dieses demütige Offensein für die Wirklichkeit führt zu menschlicher Vollkommenheit. Der daran anschließende Schritt der Selbstannahme ist Geduld – eine Tugend, die die EINS ohne Hilfe kaum erreichen kann.

> *„Ich habe während der spirituellen Begleitung gelernt, dass es für mein spirituelles Leben am wichtigsten ist, es einfach mit mir selbst auszuhalten. Mein Begleiter hat mir das vorgelebt, indem er an sich selbst und auch an mich geglaubt hat, indem er Hoffnung für mich hatte und, mehr noch, mir wirklich Liebe geschenkt hat. Ich glaube nicht, dass ich ohne sein Vorbild gelernt hätte, was Liebe wirklich bedeutet oder gar wie man selbst liebt. An ihm habe ich wohl das Angenommenwerden durch Jesus erfahren und das Leben, das dadurch entsteht. Das allein zählt und nicht meine endlosen Forderungen an mich, vollkommen zu sein. Mein Begleiter ist nicht vollkommen und ich bin es auch nicht. Aber wenn wir zusammensitzen, ist Gott dabei. Was spielt daneben noch eine Rolle?"*

15. Kapitel

Begleiter vom Muster ACHT, NEUN und EINS

Die innere Dynamik und die im Zusammenhang mit der Begleitung einer ACHT, NEUN und EINS beschriebenen Themen gelten natürlich ebenso für Begleiterinnen und Begleiter dieses Musters. Wie bei den anderen Triaden auch weist die innere Dynamik sowohl auf Chancen als auch auf Grenzen hin. Die Unterscheidung zwischen Zwangsmuster (Wurzelsünde) und Gabe (Geistesfrucht) ist auch hier angebracht. Ein Begleiter vom Muster ACHT, NEUN oder EINS reagiert manchmal blindlings aus seinen Trieben heraus. Je stärker das Zwangsmuster, desto weniger ist er oft in der Lage zu sehen, was in seinem Leben abläuft.

Sobald ein Mensch sein Zwangsmuster entlarvt hat und erkennt, wie es sich in seinem Leben auswirkt, werden seine Reaktionen weniger blind und automatisiert. Allmählich kristallisiert sich bei der ACHT, NEUN und EINS, wie bei allen anderen Menschen, ein kontemplatives Gewahrsein der angeborenen Instinkte und der in ihrer Folge entstandenen Zwänge heraus. Wird jemand sich seiner Situation bewusst, ist er oft versucht, die zwanghaften Tendenzen zu bekämpfen und auszulöschen. Der Versuch, die Zwänge zu beseitigen, greift aber gleichzeitig die darunter liegenden Instinkte an.

Diese Schritte durchläuft jeder Mensch im Prozess der Umkehr. Für spirituelle Begleiter wie Begleitete sind jedoch noch einige Besonderheiten zu beachten. So können Begleiter, die in bester Absicht den Begleiteten von ihren Zwangsmustern verschonen wollen, ihre einzigartige Gabe zurückhalten.

Die folgende Darstellung befasst sich damit, wie Begleiter

vom Muster ACHT, NEUN und EINS ihre übertriebenen Instinkte herausfinden können, die ihre Tätigkeit in der Begleitung durch unbewusstes und demzufolge blindes Zwangsverhalten beeinträchtigen. Außerdem geht es um die Falle, in die Begleiter tappen können, wenn sie ihrer Zwänge gewahr werden, sie kontrollieren wollen und gerade dadurch ihre spezifische Gabe unterdrücken.

Leben und Lernen sind wahrscheinlich der einzige Weg, auf dem wir die Balance zwischen zu viel und zu wenig finden. Im Folgenden werden einige Probleme beschrieben, die sich dadurch ergeben, dass das Leben selbst uns seine Lektionen durch Versuch und Irrtum erteilt. Erkennt ein Begleiter, dass er zunächst blind in die Falle seines Zwangsmusters getappt ist und anschließend in die Falle, dieses Zwangsverhalten um jeden Preis vermeiden zu wollen, kann er sich schrittweise mit den Urimpulsen seines eigenen Musters versöhnen. Indem er sich zunehmend seiner selbst und seiner Geschichte bewusst wird, beginnt der Wandel. Das Gewahrsein, wie Urimpuls, Zwangsmuster und Gabe ineinandergreifen, muss ein Leben lang ständig verfeinert werden. Die folgenden Abschnitte wollen dieses Gewahrsein bei Begleitern der Muster ACHT, NEUN und EINS fördern.

Vorurteile

Wenn es einen Vorwurf gibt, den die ACHT, NEUN oder EINS als beleidigend empfindet, dann den, sie habe Vorurteile. Menschen dieser Triade brüsten sich gerne damit, dass sie Gerechtigkeit und Gleichheit erreichen wollen und sich dafür häufig ernsthaft einsetzen. Leben und leben lassen, aber auch der Grundsatz, sich wo immer möglich für andere einzusetzen und sich um gerechte Verhältnisse zu bemühen – das sind die ständig wiederkehrenden Themen der ACHT, NEUN und EINS.

Wer nicht zu dieser Triade gehört, erlebt die ACHT, NEUN und EINS jedoch häufig als festgefahren in ihren eigenen Vorstellungen von dem, was gut und richtig ist. Es gibt Gutes und Böses und das Böse muss gefunden und bestraft werden. Jede Situation wird als richtig oder falsch bewertet. Wer diese Situationen anders sieht als ACHTer, NEUNer und EINSer, hat ihrer Meinung nach entweder eine getrübte Wahrnehmung oder macht sich etwas vor und verkennt die Wirklichkeit. Dieses Festgefahrensein im Urteilen kann sich auf die Beziehung innerhalb der spirituellen Begleitung übertragen.

> *„David begleitete Matthias, ich hatte die Supervision. David hatte offensichtlich den Schluss gezogen, dass Matthias wütend auf seine Frau war. David versuchte auf verschiedene Weise, Matthias diesen Schluss nahezubringen. Er machte Anspielungen und sprach es auch direkt an. Er ließ nicht mehr zu, dass Matthias seinen eigenen Einsichten und Gefühlen folgte, sondern versuchte immer wieder, ihn dazu zu bringen, sich dem Thema zu stellen. Vielleicht hatte er ja recht, aber selbst da bin ich mir gar nicht so sicher. Sicher ist jedoch, dass er den guten Kontakt zu Matthias in dieser Sitzung verloren hat."*

Der ACHT, NEUN und EINS scheint häufig offenkundig, was in einem Menschen vorgeht und was der andere tun muss, um aufrichtig zu sein. Es ist schwer für Begleitete, solchen Vorurteilen zu begegnen. Plötzlich sehen sie sich genötigt, ihrem Begleiter die Erfahrungen zu erklären, die sie gerade machen, statt an ihrer Wahrheit weiterzuarbeiten. ACHTer, NEUNer und EINSer verfügen über einen guten Instinkt und reagieren oft „aus dem Bauch" heraus durchaus angemessen auf Menschen und Situationen. Doch natürlich können auch sie irren. Das Gewahrsein eines Menschen und alle Annahmen und Schlussfolgerungen, die damit in Zusammenhang stehen, sind begrenzt. Deshalb dürfen auch die Fähigkeiten einer ACHT, NEUN und EINS nicht überschätzt werden. Sie sind, wie alle Fähigkeiten, durch die menschliche Fehlbarkeit eingeschränkt.

Es kann die Sitzung entscheidend voranbringen, wenn der Begleiter seinem Gegenüber seine Wahrnehmungen dessen, was in der Sitzung geschieht, mitteilt, auch wenn diese Wahrnehmungen sich als ungenau oder unvollständig erweisen sollten. Wenn diese Wahrnehmungen von beiden Partnern erörtert werden, kann der Begleitete seinen Standpunkt klären und präzisieren. Wenn er etwas ausspricht, was er bisher nicht bemerkt hatte, vertiefen sich seine Erkenntnisse und Gefühle womöglich so stark, wie das ohne die Interventionen des Begleiters nicht möglich gewesen wäre.

Den Überblick behalten

Begleiter vom Muster ACHT, NEUN und EINS müssen sich darüber im Klaren sein, dass sie mit ihrer Einschätzung der Erfahrung ihres Gegenübers möglicherweise teilweise oder ganz falsch liegen. Sie müssen sich bewusst werden, welchen Einfluss das Fühlen auf das Entstehen ihrer Meinungen und Urteile hat, und zu unterscheiden versuchen, mit wessen Fühlen sie es zu tun haben. Ist es ihr eigenes oder ergibt es sich aus der Kommunikation mit dem Begleiteten? Sind sie für solche Überlegungen nicht offen, werden sie bald feststellen, dass ihre Gespräche in Box- oder Ringkämpfe ausarten, wenn sie nicht gänzlich im Sande verlaufen.

Diese Suche nach dem Überblick ist ein weiteres immer

wiederkehrendes Thema bei Menschen der Muster ACHT, NEUN und EINS. Natürlich spielt es auch in ihrer Funktion als spiritueller Begleiter eine Rolle. Eine geduldige, intuitive Haltung entsteht, wenn sie nicht länger versuchen, sich einen alles umfassenden Überblick über Vergangenheit, Gegenwart und Zukunft zu verschaffen, und Gefühle und Sein auseinanderzuhalten lernen. Dann können sie sich auch eher darauf einlassen, dass sie es mit einem sich allmählich entwickelnden Prozess zu tun haben. Sie müssen nicht alles vom gegenwärtigen Augenblick erwarten.

> *„Ich habe mich in ihrem Schmerz verloren. Ich wollte sie irgendwie herausholen. Doch dann tat sie es selbst. Sie erinnerte sich daran, wie gut ihr gemeinsames Leben mit Bernd in all den Jahren gewesen war. Ich konnte einen Hoffnungsschimmer auf ihrem Gesicht erkennen und ich habe auch selbst wieder Hoffnung gespürt. Es war, als tauchten wir beide aus der Verzweiflung wieder auf."*

Diese Art Überblick ist mehr als nur logische Distanzierung. Es handelt sich eher um eine Art mit Gefühlen gesättigter Weisheit, die die ACHT, NEUN und EINS im Lauf ihres Umkehrprozesses erlangen. Ihre Objektivität enthält immer eine emotionale Komponente, weil sie eine Gefühlsreaktion durchlaufen, auch wenn sie darin nicht mehr stecken bleiben. Diese Betrachtungsweise entspricht womöglich nicht ihrem Idealbild; vielleicht würden sie einen eher logischen Zugang bevorzugen. Doch mit der Zeit werden sie, wenn sie ehrlich sind, zugeben, dass ein emotionsloser Verstand ihrer Art niemals entsprechen wird.

Die Gefühlsfunktion

ACHTer, NEUNer und EINSer neigen dazu, ihre affektive Funktion zu überbeanspruchen. Im Kampf mit ihren Gefühlen verbrauchen sie ständig Energie. Ob die Emotionen sie schier umbringen und ihre letzten Kräfte aufzehren oder ob die ACHT, NEUN oder EINS versucht, sie wegzusperren – die Auseinandersetzung mit den Gefühlen bleibt lebenslang ein Thema für sie. Die Stärke der Gefühlsreaktion beeinflusst sie nicht nur in ihrer Rolle als spiritueller Begleiter, sie hat auch Auswirkungen auf alle, die sie begleitet.

Ein Mensch, der mit Gefühlen, besonders mit Wut, nicht gut umgehen kann, ist womöglich von der starken Reaktion des Begleiters überwältigt oder erschrocken. Kann der Begleiter die starke Aggression bei sich selbst nicht akzeptieren, projiziert er sie manchmal auf den Begleiteten und ist der Meinung, dieser sei wütend. Er unterstellt dem Begleiteten dann möglicherweise, dieser zettele einen Streit an, selbst wenn das gar nicht der Fall ist. Daraus ergibt sich manchmal ein richtiger Zweikampf zwischen beiden.

Auf etwas subtilere Weise manifestiert sich die starke Gefühlsreaktion der ACHT, NEUN und EINS, wenn sie dem Begleiteten die Gefühle zuschreiben, die in ihr selbst aufsteigen. Sind sie von der Beziehung berührt und engagieren sie sich wirklich, können sie sehr emotional auf das reagieren, was der Begleitete sagt. Darin zeigt sich ein Verschwimmen der Grenzen, wenn die ACHT, NEUN oder EINS mit einem anderen Menschen verschmilzt. Wut, Angst oder Traurigkeit des Begleiters, die durch die Worte des Begleiteten ausgelöst werden, können die Grenzen aufweichen, sodass nicht mehr klar ist, zu wem diese Gefühle eigentlich gehören. In einer solchen Situation bemerken manche Begleiter plötzlich, dass sie vorübergehend nicht in der Lage sind, mit den Themen des Begleiteten umzugehen, so intensiv haben sie sich auf das emotionale Klima der Sitzung eingelassen.

> *„Ich beobachtete eine Sitzung von Michael und Hanna. Sie hatte beschlossen, sich ihre Angst anzusehen, statt immerzu wegzulaufen und sich in ihr übliches Intellektualisieren zu flüchten. Michael, ihr Begleiter, hatte wochenlang auf diesen Moment gewartet. Sie konfrontierte sich also mit ihrer Angst und er – er ließ sich davon anstecken. Ich traute meinen Ohren nicht. Er bekam solche Angst, dass er sie warnte. Sie dürfe die Distanz und den Überblick nicht verlieren. Hanna bestand aber darauf, sich ihrer Angst zu stellen. Sie hatte lange gebraucht, genügend Mut dazu aufzubringen. Die Sitzung entwickelte sich zu einem Hin und Her zwischen Michaels Warnungen, doch bloß aufzupassen, und Hannas Frustration darüber, dass sie aus ihrer Angst herausgerissen wurde. Sie redeten komplett aneinander vorbei."*

Aggression

Die Aggression, die in einem Begleiter vom Muster ACHT, NEUN oder EINS steckt – das gilt natürlich auch für Begleiterinnen und Begleiter aus den anderen Triaden –, kann ihn dazu führen, sein Gegenüber hart anzufassen. Die Aggression bei ACHTern, NEUNern und EINSern äußert sich mitunter als Sadomasochismus, einer Form der Bestrafung, die sich gleichzeitig nach außen gegen andere wie auch nach innen gegen sich selbst richtet. Beispielsweise äußern sie etwas, was der Begleitete ihrer Überzeugung nach einfach einmal gesagt bekommen muss. Dazu gehören häufig auch Aussagen darüber, wie wichtig eine gewisse Härte ist, damit der Begleitete sich all dem stellen kann, was ihm auf dem Weg zu vertiefter Integrität begegnet.

> *„Ich sage Ihnen das, weil ich gewünscht hätte, dass ich dasselbe einmal von jemandem gehört hätte. Diese Form von Aufrichtigkeit wünsche ich mir für mich selbst; deswegen bin ich Ihnen gegenüber so ehrlich, wie ich kann, und gebe Ihnen das, was ich selbst gern hätte. Ich weiß, dass Sie das aushalten. Und wenn ich es so direkt sage, zeigt das nur meinen Respekt vor Ihnen. Ja, es tut weh, aber es gibt keinen anderen Weg zu Wachstum und Wandel in diesem Leben. Und dass Sie wachsen und sich entwickeln wollen, davon gehe ich aus."*

Solche Härte entsteht aus einer Tendenz zur Selbstbestrafung und einem gewissen Stolz auf den eigenen Mut, sich unbequemen Wahrheiten zu stellen. Auch ohne es zu wollen, sind ACHTer, NEUNer und EINSer in ihren Äußerungen oft sehr direkt, manchmal sogar richtig harsch. Wird dieser Ansatz durch Barmherzigkeit abgemildert, können Begleiter vom Muster ACHT, NEUN und EINS zu Meistern einer freien, natürlichen Auseinandersetzung werden.

Wie bereits gesagt, bezieht der Mensch seine Energie aus seinen Emotionen. Kann eine ACHT, NEUN oder EINS die Intensität ihrer Gefühle zulassen, kann sie zu einer beeindruckenden Persönlichkeit werden. Durch ihre Stärke kann sie den Begleiteten auf gesunde, bestätigende Art unterstützen und ihm Kraft geben, sodass er sein Leben und dessen Umstände in die Hand nehmen kann. Manchmal wirkt ihre Stärke allerdings auch einschüchternd wie ein direkter oder indirekter Zwang, mit dem der Begleitete sich auseinandersetzen muss.

„Das Leben ist ein einziger Kampf“

Solange die ACHT, NEUN und EINS auf dem Weg der Umkehr noch nicht sehr weit vorangekommen sind, erzeugen sie in ihren Beziehungen im Rahmen der Begleitung eine Atmosphäre von Auseinandersetzung und Kampf. Sie lassen erkennen, dass die entscheidende Frage für sie lautet: „Wer hat die Kontrolle?“ Sie werden nicht zulassen, dass der Begleitete sie manipuliert. Manchmal spüren Begleitete, dass die ACHT, NEUN oder EINS durch passives Zulassen oder auch aktiv versucht, ihren Widerstand zu brechen. Sie spüren, dass der Begleiter sie in irgendeiner Weise als Gegner betrachtet und dass es ihm wichtig ist, die Oberhand zu gewinnen und zu behalten.

Manche ACHTer, NEUNer und EINSer misstrauen Menschen, die nicht kämpfen. Wenn es in der Begleitung keine Konflikte zu geben scheint, mit denen sie etwas anfangen kann, bricht die ACHT, NEUN oder EINS unter Umständen einfach einen Konflikt vom Zaun. Wird der Begleitete aufgrund dieser Angriffe frustriert, irritiert und wütend, gratuliert sie sich in ihrer Unerlöstheit selbst, denn offensichtlich hatte sie recht, darauf zu bestehen, dass der Begleitete endlich sein wahres Gesicht zeigt. „Siehst du“, sagt sie sich selbst, „er war ja doch wütend und hat es bloß nicht zugeben wollen oder können.“ Der Begleitete hingegen verlässt die Sitzung vielleicht tief enttäuscht, weil er vollkommen missverstanden wurde. Womöglich akzeptiert er sogar das unausgesprochene Urteil der ACHT, NEUN oder EINS, er sei feige, nicht willens oder nicht in der Lage, seine Aggression zuzulassen, oder in sonst einer Weise oberflächlich oder unwissend.

Das gesamte Leben als Kampf zu sehen hat aber auch positive Seiten. Beispielsweise können ACHTer, NEUNer und EINSer tatsächlich vorhandene, dem Begleiteten aber unbewusste aggressive Gefühle häufig spüren. Indem sie darauf bestehen, dass der Begleitete sich ansieht, ob Wut oder irgendwelche anderen starken Gefühle vorhanden sind, können sie ihn davon abbringen, reine Fakten aufzuzählen, sich in Erinnerungen zurückzuziehen, zu intellektualisieren oder irgendeine andere Vermeidungstaktik einzusetzen. Nutzen sie ihre Stärke, um dem Begleiteten zu helfen, mit seiner persönlichen Wahrheit in Kontakt zu kommen, stellen sie ihm wertvolle Unterstützung im Prozess der Umkehr zur Verfügung.

> *„Auf die Gefahr hin, dass ich vielleicht zu viel Druck ausübe, habe ich Stefan wiederholt darauf angesprochen, ob er nicht wütend auf seine Frau ist. Er sagte, nein, das sei er nicht. Dann aber, als wir einen Traum bearbeiteten, brach es plötzlich aus ihm heraus, die ganze Wut auf sie und, wie er sagte, ‚auf das Leben', das ihn so naiv hatte aufwachsen lassen, dass er ihrer manipulativen Art nichts entgegenzusetzen hatte. Am Ende der Sitzung sagte er mir, wie viel Druck er von meiner Seite gespürt und wie er sich zuerst dagegen gewehrt hatte, dass aber ohne diesen Druck wahrscheinlich nichts passiert wäre."*

ACHTer, NEUNer und EINSer setzen ihre Stärke häufig dazu ein, Schwächere zu schützen. In der Begleitung helfen sie ihrem Gegenüber durch ihre Kraft und Energie, sein Eigenes zu finden und in Besitz zu nehmen. Bei unerlösten ACHTern, NEUNern und EINSern kann diese Einstellung jedoch auch dazu führen, dass sie den Begleiteten als hilfloses Opfer betrachten, auch wenn er das gar nicht ist. Die Überzeugung der ACHT, NEUN und EINS, dass die Menschen ungerecht und unfair sind, kann die entsprechende Haltung beim Begleiteten fördern, wenn dieser in der Opferrolle Trost findet.

Eine solche Situation gestattet es der ACHT, NEUN und EINS, nicht nur ihre eigenen Kämpfe auszufechten, sondern auch die des Begleiteten.

Andere befähigen

Gelangen Begleiter vom Muster ACHT, NEUN und EINS zu tieferem Bewusstsein und einer zunehmend kontemplativen, aufrichtigen und präsenten Einstellung, können sie dem Begleiteten auf dem gemeinsamen Weg viel geben. Sie stellen dann keine Besitzansprüche mehr und neigen nicht länger dazu, das Leben des Begleiteten in die Hand zu nehmen. Stattdessen machen sie ihm Mut, Verantwortung zu übernehmen und Veränderungen in seinem Leben vorzunehmen.

Begleiter dieses Musters gehen häufig ohne schriftliche Vorbereitung in die Sitzung. Sie bringen lieber ihre Präsenz ein statt einer Methodenvielfalt. Bei erlösten Begleitern ziehen eigene unabgeschlossene Angelegenheiten nicht mehr so schnell die Aufmerksamkeit von der gegenwärtigen Sitzung ab. Sie verlieren sich auch nicht mehr in Fantasien und schmieden keine Pläne mehr, was sie tun werden, wenn der Begleitete gegangen ist. Sind erlöste Begleiter vom Muster ACHT, NEUN und Eins im gegenwärtigen Augenblick präsent, nicht gelangweilt und nicht distanziert, entwickeln sie eine ganzheitliche Absichtslosigkeit – eine völlig andere Einstellung als das Desinteresse, das sie ausstrahlen, wenn sie in unerlöstem Zwang um ihre eigenen Bedürfnisse kreisen.

Stattdessen sind sie wach und präsent beim Begleiteten. Sie stecken nicht in ihren eigenen unverarbeiteten Erfahrungen aus der Vergangenheit fest, sondern sind im Fluss und haben Zugang zu ihren Emotionen. Die schläfrige, verträumte Haltung eines Menschen, der zwanghaft entweder mit seinen eigenen Belangen beschäftigt ist oder sich ebenso zwanghaft darum bemüht, gar keine eigenen Belange zu haben, hat Stärke und Engagement Platz gemacht. Erlöste ACHTer, NEUNer und EINSer können es zulassen und auch begrüßen, dass der Begleitete ähnlich starke Emotionen erlebt wie sie selbst; sie verlangen es aber nicht. Sie leben nicht länger mit der Angst, überschwemmt zu werden und sich verwundbar zu machen. Da sie ein gutes Verhältnis zu ihren eigenen Emotionen haben, fällt es ihnen leichter, ihre eigenen Gefühle zuzulassen, und zwar sehr viel mehr, als sie durch Insistieren und Forderungen jemals erreicht hätten.

Stärke vermitteln

Begleiter vom Muster ACHT, NEUN und EINS haben in ihrer Präsenz etwas von einem Fels in der Brandung. Ihr Körper drückt eine zentrierte, entspannte, offene Energie aus; sie haben keine Angst vor ihrer eigenen Vergangenheit oder Gegenwart. Wenn sie sich selbst annehmen, statt sich mit Anschuldigungen und Bestrafungen selbst zu schädigen, können sie auch dem Begleiteten eine vergleichbare Annahme entgegenbringen. Sie müssen sich nicht in den Vordergrund spielen, sich aber auch nicht so sehr zurückziehen, dass der Begleitete sich fragt, ob sie überhaupt persönlich engagiert oder an ihm als Mensch interessiert sind. Werden Begleiter vom Muster ACHT, NEUN und EINS freier, können sie dem Begleiteten offen ihren Wunsch vermitteln, ihn zu unterstützen. Sie können ihre Verwundbarkeit zeigen und zu ihren Gefühlen stehen.

Die Unterstützung durch eine ACHT, NEUN oder EINS bedeutet für den Begleiteten regelmäßig eine Herausforderung. Je tiefer sie sich auf ihre eigene Umkehr einlässt, desto besser gelingt es ihr, sensibel mit diesen Herausforderungen für den Begleiteten umzugehen. Hat sie ihren eigenen Zwang zur Härte ebenso hinter sich gelassen wie die aus Selbstvorwürfen gespeiste Angst vor der eigenen Stärke, kann sie in aufrichtigen Kontakt mit ihrem Gegenüber treten. Das gelingt ihr dann mühelos; sie befürchtet keine Komplikationen mehr, wenn sie direkt auf ihr Gegenüber zugeht. Die Trägheit, eine ständige Versuchung, die dazu diente, Integrität zu vermeiden, ist ehrlichem Engagement gewichen. Sie bringt jetzt gerne die für das Wachstum des Begleiteten erforderliche Energie auf und akzeptiert die Mühe, die Auseinandersetzungen manchmal kosten.

Symbole und Bilder

ACHTer, NEUNer und EINSer profitieren auf ihrem eigenen Weg stark vom Umgang mit Bildern und Symbolen. Diesen Zugang zur Selbsterkenntnis nutzen sie auch häufig bei der Arbeit mit anderen. Sie wissen, wie gut sie durch diese Methode der inneren Arbeit Zugang zu ihren eigenen Gefühlen bekommen, und stützen sich auf ihre Erfahrung, wie ihre Emotionen dadurch Form und Gestalt annehmen. Sie kennen also die Macht der Bilder und wissen, wie sehr diese ihnen helfen, sich selbst zu verstehen und auszudrücken. Sie haben gelernt, wie wichtig es für sie ist, ihre scheinbar gestaltlosen und vagen Gefühlsregungen zu erden.

Je freier Begleiter vom Muster ACHT, NEUN und EINS werden, desto größer werden ihr Zutrauen und ihre Fähigkeit, den Begleiteten zu unterstützen, wenn dieser sich seinen eigenen Erfahrungen stellen will. Dabei bedienen sie sich der Methoden wie Traumanalyse oder bestimmter Gestalttechniken, arbeiten mit Geschichten und Märchen oder künstlerischen Ausdrucksformen.

> *„Ich habe sie nach ihrem Lieblingsmärchen gefragt. Das erwies sich als guter Zugang zu einer ganzen Reihe von Themen. Ich weiß noch, wie mir zum ersten Mal klar wurde, was das ‚Hässliche Entlein' für mich bedeutete. Ich erinnere mich, wie ich als Kind allein da saß, die Geschichte las und vor mich hin schluchzte. Aus irgendeinem Grund musste ich sie immer wieder lesen. Natürlich war es meine eigene Geschichte. Heute ist mir das klar."*

Von einem erlösten Begleiter des Muster ACHT, NEUN und EINS profitieren in dieser Hinsicht besonders Menschen der gleichen Triade. Bei Begleiteten vom Muster ZWEI, DREI und VIER ist die Situation weniger eindeutig. ZWEIer, DREIer und VIERer scheinen oft bei der Arbeit mit Bildern, Symbolen, Märchen und Mythen mitzuwirken, erwecken jedoch nur den Anschein, anhand ihrer Bilder große innere Bewegung zu erleben, während sie sich in Wahrheit nur anpassen und den Vorschlägen des Begleiters folgen. Anstatt zu erfahren, was durch diese Methoden ermöglicht werden soll, folgen sie den Anweisungen nur pro forma, um sich kooperativ zu zeigen, und merken nicht einmal selbst, dass sie gar nicht wirklich bei der Sache sind.

Bei FÜNFern, SECHSern und SIEBENern bleibt die Arbeit mit Bildern und Symbolen oft auf der reinen Verstandesebene, sie sehen darin ein bloßes Gedankenexperiment. Die zahlreichen Worte und Ideen, die ihnen zu den Bildern einfallen, deuten zwar auf Engagement hin, es ist in Wahrheit jedoch gar nicht vorhanden. Auch sie sind sich unter Umständen gar nicht bewusst, dass sie in der Falle ihres überaktiven Verstandes gefangen sind. Begleiter tun deshalb gut daran, wachsam nach Anzeichen von Einsicht und innerer Bewegung Ausschau zu halten, anstatt sich darauf zu verlassen, dass die genannten Methoden sicher wirken.

Die Reaktionsweisen der beiden anderen Triaden sind der ACHT, NEUN oder EINS fremd. Sobald sie sich entschlossen hat, sich der Macht der Bilder auszuliefern, wird sie regelrecht davon überschwemmt. Ihr ist klar, wie stark sich das Erfahren von Symbolen auf sie auswirken kann. Nachdem das für ihr Leben zutrifft, nimmt sie in aller Unschuld an, dass es bei allen anderen Menschen ebenso verhält. Deshalb hält sie den Begleiteten häufig an, mit Bildern und Symbolen zu arbeiten, weil ihr das geholfen hat. Unter Umständen sieht sie ihre Rolle in der spirituellen Begleitung darin, dem Begleiteten zu diesem Zugang zu verhelfen, und besteht darauf, dass dies der einzige Weg sei, Zugang zu Emotionen zu finden und sie zuzulassen.

Was einer ACHT, NEUN oder EINS weiterhilft, kann Menschen der anderen Triaden dazu bringen, sich in Überaktionismus der Bearbeitung von Bildern zu widmen oder mit überwachem Verstand zu versuchen, ihre Bedeutung zu entschlüsseln. Der Weg der Begleiter ist also nicht unbedingt der Weg der Begleiteten; diese Wahrheit müssen alle Begleiter lernen. Wahrscheinlich ist nichts hinderlicher als ein Begleiter, der den Begleiteten dazu drängt, dieselben Wege zu gehen, die ihm geholfen haben.

Intensive Gefühle und der Überblick

Angeblich kann man anderen am besten beibringen, was zu lernen einem selbst die größte Mühe bereitet hat. Deshalb können ACHTer, NEUNer und EINSer, die ihre eigenen starken Gefühle nicht verleugnen, anderen gut helfen, mit ihren starken Emotionen umzugehen. Begleiter, die dazu neigen, ihre Emotionen zu verleugnen (regelmäßig bei NEUNern), können Menschen unterstützen, die sich ebenso verhalten oder die aus den anderen Triaden stammen, wo die Gefühlsfunktion weniger stark ausgeprägt ist.

Begleiter vom Muster ACHT, NEUN und EINS kämpfen darum, einen Überblick über ihren Sumpf von Gefühlen bzw. über die Wüste zu finden, die dann entsteht, wenn sie versuchen, ihre Gefühle zu eliminieren. Deshalb sind sie oft gut dazu in der Lage, anderen zu eben diesem Überblick zu verhelfen. Haben Begleiter vom Muster ACHT, NEUN und EINS diesen Überblick verloren, verlieren sie auch ihre Grenzen und identifizieren sich gerade dann unbewusst mit ihrem Gegenüber und dessen Emotionen. In diesem Fall gelingt es ihnen nicht mehr, ihre eigenen Gefühle von denen der anderen zu unterscheiden.

> *„Ich leitete Maria zu einer aktiven Imagination an. Ihr kam das Bild in den Sinn, sie sei in ihrer Haut eingesperrt. Dieses Bild hat mich einfach umgehauen. Ich spürte geradezu ein Erstickungsgefühl im ganzen Körper. Wir arbeiteten ungefähr eine Stunde mit diesem Bild, dann löste ich mich wieder aus der Imagination, um wieder Luft zu bekommen. Und was sehe ich? Sie saß da und war die ganze Zeit eigentlich ziemlich unberührt von dem, was mich völlig aus dem Konzept gebracht hatte. Für mich war es eine bewegende und an Erkenntnissen reiche Sitzung. Ihr hat das Ganze allerdings kaum geholfen."*

Erlöste Begleiter vom Muster ACHT, NEUN und EINS lernen im Prozess der Umkehr, den gegenwärtigen Augenblick in einem größeren Kontext wahrzunehmen. Sie lernen, ihre Verstandesfunktion einzusetzen, also eine Sicht von Vergangenheit, Gegenwart und Zukunft zu bekommen, in der Zusammenhänge und wechselseitige Beziehungen erkennbar werden. Erlöste Begleiter vom Muster ACHT, NEUN und EINS können ihre Anliegen und Gefühle von denen der anderen unterscheiden. Sie können sie einordnen und damit anderen helfen, dasselbe zu tun.

Schlussfolgerungen aus der persönlichen Arbeit

Auf der Suche nach einer Definition ihrer selbst arbeiten ACHTer, NEUNer und EINSer häufig mit Analogien, also mit Vergleichen, Metaphern und Imaginationen. Dis- oder Selbstidentifikation, Fantasiereisen, Malen oder schlichtes Besprechen der relevanten Themen mit einem anderen Menschen unterstützen diesen Prozess. Bewegung, Rollenspiel, Yoga, Jogging und andere körperliche Aktivitäten tragen ebenfalls dazu bei, den Überblick zu gewinnen. Je natürlicher der Umgang mit diesen Methoden für die ACHT, NEUN oder EINS wird, desto eher neigt sie dazu, solche Methoden auch in der Arbeit mit anderen Menschen anzuwenden. Zu Beginn ist ihr größter Feind beim Prozess der Umkehr der Widerstand, sich überhaupt auf diesen Prozess einzulassen. Es kommt ihr albern oder dumm vor, mit Bildern und Imaginationen zu arbeiten, wo es doch um den inneren, spirituellen Weg geht. Dieser anfängliche Widerwille entsteht aus der Angst vor der Verletzlichkeit und Schwäche, die sie in sich entdecken könnte, wenn sie diese Methoden einsetzt. Sobald der Widerstand überwunden ist und sich ACHTer, NEUNer und EINSer auf diese Methoden einlassen, bewegen sie sich darin munter wie ein Fisch im Wasser.

Beginnen ACHTer, NEUNer und EINSer, einen anderen Menschen auf seinem spirituellen Weg zu begleiten, müssen sie sich vor Augen führen, dass dieser möglicherweise überhaupt keinen Widerstand gegen diesen Zugang zum inneren Leben empfindet. Viele Menschen begeistern sich zwar für die Idee, mit Imagination und Körpertechniken zu arbeiten, es bringt sie jedoch nicht viel weiter. Deshalb ist es für Begleiter wichtig zu unterscheiden zwischen Bereitwilligkeit und kooperativem Interesse des Begleiteten einerseits und echtem Sich-Einlassen andererseits.

> *„Einer meiner Klienten war völlig fasziniert von meditativen Gebetsformen. Er verbrachte jeden Tag eine Stunde damit, ‚ruhig zu werden', wie er es nannte. Ich empfinde für mich persönlich meditatives Gebet als die beste Übung, aber ich hatte das Gefühl, dass es bei ihm zu etwas ganz anderem führte. Entweder verkrümmte und verknotete er sich im Verlauf dieser Stunde wie eine Brezel oder er schlief ein. Ich beschloss, ihm zu helfen, andere Gebetsformen auszuprobieren. Und siehe da: Unter der Dusche konnte er am besten beten."*

Der emotionale Status des Begleiters

Ein Begleiter vom Muster ACHT, NEUN oder EINS muss die Freiheit haben, einen Termin abzusagen, wenn er spürt, dass er nicht in der Lage ist, emotional präsent zu sein. Wenn in ihm selbst Tumult herrscht und er damit beschäftigt ist, seine stürmischen Gefühle niederzuhalten, um nicht völlig darin unterzugehen, kann er nicht für jemand anderen präsent sein. Er muss seine gesamte Energie dafür aufwenden, mit seinen eigenen Gefühlen klarzukommen. In solchen Situationen ist es wahrscheinlich am besten, überhaupt nichts zu tun; auf jeden Fall ist es dann unmöglich, einen anderen Menschen auf seinem spirituellen Weg zu begleiten.

„Ich kam zu meinem monatlichen Treffen mit meinem Therapeuten und wir fingen an zu reden. Er schien distanziert und abwesend, er wurde sogar ein wenig ärgerlich, als ich ihn um ein Feedback zu einer meiner Äußerungen bat. Ich wusste nicht, was ich falsch gemacht hatte. Im weiteren Gespräch legte ich jedes Wort auf die Goldwaage und überlegte, ob etwas daran nicht in Ordnung sei. Irgendwann hörte ich einfach auf; ich musste weinen. Da tauchte er wie aus dem Nebel auf und fragte mich, was los sei. Als ich es ihm erklärte, bat er um Entschuldigung und sagte, dass es überhaupt nichts mit mir zu tun hätte, sondern mit einer Sache, die sich am Vormittag ereignet habe. Er wollte mich schon anrufen und absagen, aber er wusste, dass ich schon unterwegs war, und deshalb hatte er beschlossen, den Termin doch wahrzunehmen. Ich war sehr erleichtert."

Das Gespräch auch in Momenten tiefer Gefühlsbewegung fortzusetzen kann Begleiter aus den beiden anderen Triaden weiter öffnen. Bei der ACHT, NEUN und EINS ist das selten der Fall; sie werden eher in den Sog ihrer Gefühle hineingezogen und benötigen ihre gesamte Energie für sich selbst, um nicht unterzugehen. In einer solchen Situation werden sie nicht sensibler für andere, sondern unzugänglich.

Eine ACHT hat das einmal so ausgedrückt: „Wenn ich da bin, bin ich da, wenn nicht, dann nicht." Sind Menschen vom Muster ACHT, NEUN und EINS wach, präsent, engagiert und energiegeladen, sind ihre Leidenschaft und ihr Mitgefühl mit Händen zu greifen. Haben sie hingegen den Kontakt mit ihrer eigenen Erfahrung und mit der des anderen verloren, haben sie ihn vollständig verloren. Es hat keinen Zweck, wenn sie versuchen, etwas vorzuspielen; geheucheltes Interesse kann nicht überzeugen.

Auch daran lässt sich die Integrität der ACHT, NEUN und

EINS ablesen. Was im Inneren abläuft, manifestiert sich auch außen. Man weiß immer, woran man mit einer ACHT, NEUN oder EINS ist, ob sie ihren Zustand mit Worten beschreibt oder nicht. Wenn sie beständig an der eigenen Umkehr arbeitet und ihren Verpflichtungen nicht mehr nur nach Lust und Laune nachkommt, kann sie bei ihren Gesprächspartnern Vertrauen und Zuversicht erwecken.

Die natürliche Gabe der ACHT, NEUN und EINS ist ihre ungeteilte Präsenz. Diese Gabe kann Begleiter von diesem Muster dazu verführen, Vergangenheit und Zukunft zu vergessen. Die völlige Hingabe an den Augenblick kann aber dazu führen, dass die Grenzen zwischen den Beteiligten verschwimmen, und zwar im unerlösten Zustand. Der wertvolle Beitrag, den Begleiter vom Muster ACHT, NEUN und EINS für den spirituellen Prozess des Gegenübers leisten können, bleibt von dieser Gefahr jedoch unberührt. Darin spüren Begleitete die Erlaubnis, sich allem, was der gegenwärtige Augenblick umfasst, zu öffnen und vollständig zu überlassen.

Schlussbetrachtungen

Es stimmt ..., dass für mich das Heiligsein darin besteht, dass ich ich selbst bin, und für einen anderen das Heiligsein darin besteht, sein Selbst zu sein und dass letztlich seine Heiligkeit nie die meine sein wird und die meinige nie die seine, außer in der Gemeinsamkeit der Liebe und Gnade.

THOMAS MERTON, CHRISTLICHE KONTEMPLATION

In diesem Buch habe ich eine Vielzahl von Gedanken ausgeführt. Mir ist jedoch bewusst, wie wenig erschöpfend diese Betrachtung der spirituellen Begleitung und anderer Interaktionen im Zusammenhang mit dem Enneagramm wirklich sein kann. Vermutlich habe ich die Beschreibung der unterschiedlichen Mechanismen und ihres Zusammenspiels teilweise endgültiger formuliert als beabsichtigt, mich andererseits aber sicher des Öfteren zu vorsichtig ausgedrückt, weil ich allzu abschließende Aussagen vermeiden wollte. Wer über das Geheimnis des Menschen spricht, muss Genauigkeit mit Ehrfurcht vereinen.

Eines ist während des Schreibens konstant geblieben: die Treue gegenüber dem, was ich persönlich entdeckt habe, indem ich Menschen beobachtet, ihnen zugehört und eine Beziehung zu ihnen aufgebaut habe. Ich handele von meinem Standpunkt aus, mit all den Grenzen und Verzerrungen, die er beinhaltet. Ich tue es vor dem Hintergrund meiner Wurzelsünde, meines eigenen Zwangsmusters, das sich um mein ureigenes Unbewusstes herum ausgebildet hat. Ich weiß, dass ich manche Worte, die ich vernommen habe, in Aussagen übersetzt habe, die der Sprechende so wohl niemals gemeint hat. Das ist ein grundlegend menschliches Problem. Doch tröstlicherweise illustriert diese Begrenztheit eine fundamentale Erkenntnis, die sich aus der Beschäftigung mit dem Enneagramm ergibt: Wir filtern unsere Erfahrungen immer durch unseren Standpunkt im Leben.

Hätte ich dieses Buch später geschrieben, enthielte es mehr Informationen; auch meine eigenen Erfahrungen wären weiter geordnet und differenziert. Das bietet mir erneut Gelegenheit, andere einzuladen, sich an der Entwicklung und Verfeinerung der Theorie des Enneagramms zu beteiligen.

Die Herausforderung, die spirituelle Begleitung bedeutet, spiegelt sich in diesen Seiten wider, und zwar nicht nur in meinen Beschreibungen, sondern auch in der Auseinandersetzung damit. So wird der eine feststellen: „Nein, es ist ein wenig anders", während ein anderer vielleicht sagt: „Nein, so verhält es sich ganz und gar nicht." Ich hoffe, dass Kommentare dieser Art die Enneagrammtheorie weiter nuancieren und differenzieren, denn das ist notwendig, damit sich das Enneagramm lebendig weiterentwickeln kann. Ich glaube, dass Weisheit entsteht, indem wir einander und uns selbst immer wieder korrigieren, und indem wir versuchen, immer besser zu erklären und immer genauere Worte zu finden für das, was zu sagen ist – nicht nur hier, sondern auch im Prozess der spirituellen Begleitung und in anderen Beziehungen.

Es ist nicht ohne Risiko aufzuschreiben, was im besten Sinne mündliche Tradition war, ist und immer sein wird. Das Enneagramm hält viele Möglichkeiten offen, dazuzulernen. Schlussfolgerungen bleiben vorläufig und müssen immer wieder revidiert und verfeinert werden. Das Enneagramm muss immer wieder neu übersetzt werden. Und, am wichtigsten, die Beschäftigung mit dem Enneagramm bringt alle, die sich ernsthaft damit befassen, an einen Ort, der vor und unter allen Worten liegt. Sind die Worte aber erst einmal auf Buchseiten gebannt, verlieren sie unter Umständen nicht nur ihre Vitalität; möglicherweise gerät auch die Notwendigkeit weiterer Forschung in Vergessenheit. Ich hoffe, dass dies mit den vorliegenden Seiten nicht der Fall ist.

Das Enneagramm widersetzt sich der gedruckten Form. Die Lernerfahrungen ergeben sich aus den Erfahrungen, die wir mit Menschen machen, und aus den Energien, die in und zwischen Menschen wirken. Diese Energien werden schon früh im Leben zwanghaft gebremst und eingesperrt – bei der FÜNF, SECHS und SIEBEN im Kopf, bei der ZWEI, DREI und VIER im Knochengerüst des Körpers und bei der ACHT, NEUN oder EINS in den inneren Organen. Im Prozess der Umkehr sinken diese Energien ab, sammeln sich unter dem Zwerchfell und werden zu *Hara,* zur konzentrierten Bauchenergie. Doch selbst die konzentrierte Energie unterscheidet sich je nach Enneagrammmuster. Abgesehen davon, dass sie bereits in sich selbst Unterschiede aufweist, wird sie von anderen Menschen aufgegriffen, die ihrerseits wieder unterschiedliche Instinkte haben. Das gegenseitige Verstehen, aber auch unsere Missverständnisse lassen sich auf unsere unterschiedlichen Energien und darauf zurückführen, wie wir die Energie der anderen für uns übersetzen.

Das Enneagramm versucht, die gesamte Lebenserfahrung und die Wandlungen, die sich daraus ergeben, zu beschreiben. Die Erfahrung der Lebensenergien wird immer realer, je weiter wir im Prozess der Umkehr voranschreiten. Wenn wir das menschliche Leben wirklich kennenlernen, bekommen wir eine Ahnung von dem Leben, das darüber hinausgeht, das sich in höheren – oder tieferen – Sphären ereignet, je nachdem, wie wir es uns vorstellen.

In gewisser Weise ist das Enneagramm niemals ganz zu

begreifen. Wer kann den Geist festhalten, der weht, wo er will? Trotzdem versuchen wir Menschen das immer wieder. Im Idealfall versuchen wir nicht, den Geist festzuhalten, sondern streben danach, menschlicher zu werden in unserem Wissen, Fühlen und Handeln. Wer sich ernsthaft auf die Beschäftigung mit dem Enneagramm einlässt, läuft Gefahr, sich in seiner Komplexität zu verirren. Kaum hat er etwas ausgesprochen, was ihm richtig erscheint, nennt schon jemand eine Ausnahme oder Modifikation, die beweist, dass er sich geirrt hat. Doch so funktioniert Forschung, auch empirische Forschung bei Themen, die den Menschen betreffen. Der Geist lässt sich nicht einsperren. Er führt uns vielmehr in eine erweiterte und vertiefte Präsenz.

Literatur

Assagioli, Roberto: Die Schulung des Willens, Paderborn [10]2008

Campbell, Joseph: Der Heros in tausend Gestalten, Frankfurt/Main [6]1999

Corcoran, Sr. Donald: The Spiritual Guide: Midwife66 of the Higher Spiritual Self, in: John Sommerfeldt (Hg.): Abba: Guides to Holiness Fast and West, Kalamazoo (Michigan) 1982

Ebert, Andreas: Die Spiritualität des Enneagramms, München [2]2011

Gallen, Maria-Anna/Neidhardt, Hans: Das Enneagramm unserer Beziehungen. Verwicklungen, Wechselwirkungen, Entwicklungen, Hamburg 1994

Gendlin, Eugene T.: Focusing. Technik der Selbsthilfe bei der Lösung persönlicher Probleme, Reinbek 1998

Hillman, James: Re-Visioning Psychology, San Francisco 1975

Jaxon-Bear, Eli: Die neun Zahlen des Lebens. Das Enneagramm – Charakterfixierung und spirituelles Wachstum, München 1992

Jaxon-Bear, Eli: Das spirituelle Enneagramm. Neun Pfade der Befreiung, München 2001

Malone, Thomas P.: The Christian Sacred Tradition and Psychotherapy, in: John Needleman/Dennis Lewis (Hg.): On the Way to Self-Knowledge, New York 1976

May, Gerald: Sehnsucht, Sucht und Gnade, München 1993

May, Rollo: The Cry for Myth, New York 1991

Merton, Thomas: Christliche Kontemplation. Ein radikaler Weg der Gottessuche, München 2010

Ouspensky, Peter D.: Auf der Suche nach dem Wunderbaren. Die Lehre des großen Meisters G. I. Gurdjieff, München 2010

Palmer, Helen: Das Enneagramm. Sich selbst und andere verstehen lernen, München 2012

Riso, Don Richard: Die neun Typen der Persönlichkeit und das Enneagramm, München 2000

Rohr, Richard / Ebert, Andreas: Das Enneagramm. Die 9 Gesichter der Seele, München [46]2010

Zuercher, Suzanne: Ankommen im Einssein. Beten mit dem Enneagramm, München 2009

Zuercher, Suzanne: Enneagram Spirituality. From Compulsion to Contemplation, Notre Dame (Indiana) 1992

Zuercher, Suzanne: Mein Leben verstehen. Das Enneagramm als Wegbegleiter in der zweiten Lebenshälfte, München 2013